성령

Classic Sermons on the Holy Spirit

Compiled by Warren W. Wiersbe

Originally Published by Kregel Publications, a division of Kregel, Inc.,
as Classics Sermons on the Holy Spirit
Copyright ⓒ 1996 by Warren W. Wiersbe
under the title *Kregel Classic Sermons Series.*
Originally published in the USA by Kregel Publications, Grand Rapids, Michigan.
Translated and printed by permission. All right reserved.
through the arrangement of KCBS, Inc., Seoul, Korea
Korean copyright ⓒ 2004 Sallim Publishing Co., Seoul, Korea

이 책의 한국어판 저작권은 KCBS, Inc.를 통해
Kregel Publications와 독점 계약한 살림출판사가 보유합니다.
저작권법에 의하여 한국 내에서 보호를 받는 저작물이므로
무단전재와 복제를 금합니다.

Kregel Classic Sermons Series 1

성령

워런 W. 위어스비 엮음 | 남정우 옮김

살림

차례

머리말   6

1 성령의 중보 기도 로마서 8:26-27   9
    찰스 해든 스펄전(Charles Haddon Spurgeon)

2 성령을 '부어주시는' 분 사도행전 2:33   37
    윌리엄 생스터(William E. Sangster)

3 제자의 직분을 감당케 하시는 성령 요한복음 16:14   51
    찰스 해든 스펄전(Charles Haddon Spurgeon)

4 주의 영이 분노하시는가? 미가 2:7   71
    알렉산더 맥클라렌(Alexander Maclaren)

5 성령을 받지 못한 아볼로 사도행전 18:25   83
    클로비스 길햄 챕펠(Clovis Gillham Chappell)

6 세상에 오신 성령 사도행전 2:33   97
    캠벨 모건(G. Campbell Morgan)

7 신자들에게 임하신 성령 로마서 8:9   113
    찰스 시므온(Charles Simeon)

8 성령을 근심케 하지 말라! 에베소서 4:30   133
    존 웨슬리(John Wesley)

9 성령께서 우리를 위해 행하시는 것,   145
    하워드 프리데릭 서젠(Howard Frederick Sugden)

10 성령의 역사하심 창세기 1:2   163
    로버트 머리 맥체인(Robert Murray McCheyne)

11 우리의 스승이신 성령 요한복음 16:13   175
    조지프 바버 라이트풋(Joseph Barber Lightfoot)

12. 성령의 바람 요한복음 3:8   189
    제임스 스튜어트(James S. Stewart)

역자 후기   205

성구 찾기   208

* 본문에 인용된 성경구절은 '개역 한글판'을 따랐다.

머리말

『크레겔 고전 설교 시리즈 Kregel Classic Sermons Series』는 이 시대 최고의 설교자들이 전하는 감명 깊은 설교들을 모아놓은 것이다.

이것은 설교이지, 수필이나 에피소드가 아니다. 그리고 여기에 실린 설교는 모두 의미심장한(meaningful) 설교들이다. 이 설교들은 모든 설교가 마땅히 그러해야 하듯, 어려움에 처한 사람들의 심령 속으로 성경의 진리를 파고 들어가게 한다.

이곳에 모아놓은 설교자들은 모두 성공적인 목회활동을 했고 당대에 크게 존경을 받았던 분들이다. 그리고 여기에 있는 설교들은 모두 중요한(significant) 주제들에 관한 설교들이다. 설교의 강단은 하찮은 것을 연출하는 자리가 아니다. 설교자는 30여 분 안에 상한 심령을 도와 새 힘을 주고, 패배한 인생을 변화시키며, 잃어버린 영혼들을 구원해야 한다. 흥미로운 예화(例話)만으로 이루어진 설교로는 목회에 성공할 수 없다. 어려운 시기에 우리에게 필요한 것은 이 시대를 본받는 영리한 설교자가 아니다. 우리는 영원한 것을 전하는 헌신적인 하나님의 전권대사를 필요로 한다.

이 설교들을 읽는다면 여러분의 영적 생활이 더욱 풍성하게 될 것이다. 또한 이 설교들을 연구한다면 하나님의 진리를 해석하고 강해하는 자로서의 여러분의 기술이 한층 더 늘어나게 될 것이다. 하나님께서는 이 설교들을 여러분의 실생활과 목회에서 사용하실 것이다. 전 세계에 있는 하나님의 교회가 이 설교들로 인하여 용기와 힘을 얻게 되기를 바란다.

워런 W. 위어스비(Warren W. Wiersbe)

성령의 중보 기도

　찰스 해든 스펄전(Charles Haddon Spurgeon, 1834~1892)은 우리에게는 이미 상당히 친숙할 정도로 유명한 목사이다. 1850년에 회심한 그는 침례교회에 소속되어 여러 곳에서 말씀을 전하였다. 1851년 영국 워터비치 침례교회의 목사가 되었으며, 3년 후에는 쇠퇴해가던 런던 파크 스트리트 교회(Park Street Church, London)로 청빙을 받아, 단시간 내에 이곳의 부흥을 이끌어 1861년에는 새로운 성전을 봉헌할 수 있게 되었다. 그는 목회활동 외에도 신학교 한 곳과 여러 개의 고아원을 세우기도 했다. 그는 당대 런던에서 가장 인기 있는 설교자가 되었으며, 1855년부터는 매주 설교집을 발행하기 시작했다. 이 설교집들은 총 57권으로 『메트로폴리탄 성전 강단 *The Metropolitan Tabernacle Pulpit*』이란 이름으로 편집되었다.

　이 설교는 『메트로폴리탄 성전 강단』 26권에 포함되어 있다.

1

찰스 해든 스펄전(Charles Haddon Spurgeon)

성령의 중보 기도

> "이와 같이 성령도 우리 연약함을 도우시나니 우리가 마땅히 빌 바를 알지 못하나 오직 성령이 말할 수 없는 탄식으로 우리를 위하여 친히 간구하시느니라. 마음을 감찰하시는 이가 성령의 생각을 아시나니 이는 성령이 하나님의 뜻대로 성도를 위하여 간구하심이니라."(로마서 8:26-27)

사도 바울은 수고하고 고난 받는 사람들에게 서신을 보내곤 했습니다. 그리고 그 편지들에서 권면했던 것 중에 하나는 바로 우리 가까이에서 은혜의 강물이 흐르고 있음을 상기시키는 것이었습니다. 바울은 가장 먼저 그들이 하나님의 아들이 된다는 것을 기억하게 함으로써 그들에게 순수한 마음을 불러일으켜 주었습니다. 바울은 "무릇 하나님의 영으로 인도함을 받는 그들은 곧 하나님의 아들이라"(롬 8:14)고 전합니다. 이로 인해 그들은 맏형 되시는 그리스도와 함께 공동 상속자가 되어 분깃을 받으라는 격려를 받고, 동시에 그리스도와 함께 영광을 받을 수 있도록 그리스도와 고난 또한 함께 받으라는 권면을 듣게 됩니다. 저들이 참고 견딘 것은 모두 아버지 하나님에게서 온 것이며, 이제 이것은 그들에게 큰 위로가 될 것입니다. 우리를 아들로 삼아주시는 하나님의 양자(養子)의 축복 속에서 기쁨의 샘물이 넘쳐나기를 소망합니다. 우리를 은혜의 가족으로 낳아주신 우리 주 예수 그리스도의 아버지이신 하나님께서는 참으로 복되십니다.

바울은 이제 '위로'의 두 번째 의미, 즉 소망을 통해 현재의 시련을 훌륭하게 이겨낼 수 있다는 것에로 우리를 인도해줍니다. 거기에는 우리를 위해 예비하신 놀라운 은혜가 있습니다. 어느 누구나 겪게 되는 탄식과 고통은 피할 수는 없지만, 소망 자체는 우리에게 힘을 줄 것이며 "우리의 잠시 받는 환난의 경한 것"(고후 4:17)을 인내로써 극복할 수 있게 해줄 것입니다. 이것은 충만한 진리입니다. 우리는 소망으로 예비하신 면류관, 준비하신 집을 봅니다. 예수님께서 몸소 우리를 위해 처소를 준비하신 것입니다. 소망은 환희에 찬 광경을 보게 함으로써 슬픔 속에 빠져있던 영혼을 소생시켜 주십니다. 소망은 거대한 닻줄이며, 우리는 그 닻줄로 말미암아 현재의 강풍(强風)을 이겨낼 수 있는 것입니다.

이제 사도 바울은 세 번째 의미를 이야기합니다. 그것은 성령의 내주(來住)하심, 주의 백성과 함께 하시는 성령을 말합니다. 바울은 소망이 영혼을 소성케 하는 것과 같이 성령께서도 환난에 처해 있는 우리에게 힘을 주신다는 것을 강조하기 위하여, **'이와 같이'** 라는 말을 사용합니다. 소망이 우리의 신령한 능력에 신령하게 작용하듯, 성령께서도 신자가 새롭게 태어날 수 있도록 신비스러운 방식으로 거룩하게 활동하시는 것입니다. 이에 우리는 연약함 가운데에서도 힘을 얻어 이를 이겨낼 수 있습니다. 성령의 빛 속에서야 우리는 빛을 볼 수 있습니다. 그러므로 저는 오늘 성령의 신비스러운 역사에 대해서 생각할 때, 성령의 도우심을 받을 수 있게 해주시고, 맹목적인 마음으로 시험에 빠지거나 고귀한 진리를 놓치는 일이 없기를 간구합니다.

성경은 **'우리 연약함'**에 대해 말씀합니다. 일부에서는 "우리의 수많은 연약함들"이라는 복수형으로 옮기기도 하는데, 이는 시련이 우리에게 엄습해 올 때 우리가 받게 되는 고난과 우리의 연약함을 밝히기 위해서입니다. 성령께서는 우리 신체의 연약함과 우리 심령의 연약함을 극복할 수 있도록 도와주십니다. 우리의 지고 갈 십자가가 육체적인 고통이든, 정신적인 우울증이든, 영적인 갈등이든, 죽임이든 가난이든 박해이든 그 무엇이든 간에, 성령께서는 우리를 도우셔서 그 십자가를 감당케 해주십니다. 성령께서는 우리의 연약함을 도우십니다. 그렇게 강력하게 도우시는 분이 있으므로, 우리는 결과를 두려워할 필요가 없습니다. 하나님의 은혜가 우리에게 흡족하게 채워질 것이며, 하나님의 능력이 연약함 가운데서도 온전하게 나타나게 될 것이기 때문입니다.

극진히 사랑하는 성도 여러분! 저는 여러분들 모두가 누구든지 기도할 수 있다면, 그 환난이 즉시 줄어들 것이라는 사실을 확실히 말씀드리고 싶습니다. 하나님과 함께 하는 능력을 간직하고 있고, 간절히 구하는 것을 하나님께로부터 받을 수 있다고 느낄 때, 환난은 더 이상 우리를 억누를 수 없을 것입니다. 우리는 하나님 아버지께 자신의 짐을 내려놓고 어린아이와 같이 확신에 찬 말로 우리의 짐을 분명하게 말해야 합니다. 그리하면 하나님께서는 그 거룩하신 뜻으로 우리에게 주신 것이 무엇이든 이를 감당할 능력을 받아 힘차게 나아갈 수 있기 때문입니다. 기도는 슬픔에서 빠져나올 수 있는 거대한 탈출구입니다. 기도는 우리 스스로 막을 수 없는 강한 수문(水門)을 닫을 수 있도록 해주고, 홍수가 나 범람할 것 같은 강물을 줄여주십니다. 상처에 기도의 연고(軟膏)를 바를 때 비로소 고통이 가라앉고 열이 떨어지는 것과 같습니다. 이와 반대로 기도할 수 없다는 것은 말 그대로 최악의 상태를 불러옵니다. 왜냐하면 혼란하고 당황스런 마음으로 인해 어떻게 기도해야 할지를 알지 못하게 되기 때문입니다. 그래서 우리의 죄를 용서하여주시는 보좌(寶座)를 바라보고 우리의 기도를 들어주실 하나님을 알고, 그것을 믿어 의심치 말아야 합니다. 왜냐하면 우리는 하나님께서 사랑하시는 자녀라는 것을 알기 때문입니다. 그럼에도 우리는 때때로 마땅히 빌 바를 알지 못할 때가 있습니다. 무거워진 영혼과 혼란한 생각에 빠져 항상 그리고 반드시 찾아야 하는 기도의 유일한 구제책마저도 빼앗긴 것처럼 보일 때가 있습니다. 그런데 바로 이 아슬아슬한 환난의 때에 성령께서 도움의 손길을 주십니다. 성령께서 가까이 오셔서 우리에게 어떻게 기도해야 하는지를 가르쳐주시는 것입니다. 이렇게 성령께서는 우리의 연약함을 도우시고, 우리의 고난을 가볍게 해주시며, 그 무거운 짐에 지치지 않고 능히 감당할 수 있게 해주시는 것입니다.

이제 우리는 다음의 세 가지 주제를 가지고 말씀을 따라가려 합니다. 첫째로 **성령께서 주시는 도움**, 둘째로 **성령께서 일으키시는 기도**, 셋째로 **응답받는 기도**가 그것입니다.

성령께서 주시는 도움

성령께서는 **연약함으로 탄식할 때마다 그에 대처할 수 있도록 우리에게 도움을** 주십니다. 제가 이미 말씀드린 바와 같이, 환난의 때에 누구든지 기도할 수만 있다면 여러분들이 지고 있는 그 무거운 짐은 무게를 잃고 가벼워질 것입니다. 어떤 것이나 무엇이든지 하나님께 내려놓을 수 있다면 여러분들은 자신의 연약함 속에서도 영광을 배우고 환난 속에서도 즐거워할 수 있게 될 것입니다. 그러나 때로 우리는 마음이 혼동스러워 기도해야 할 바를 깨닫지 못할 때가 있습니다. 우리의 무지(無知)로 말미암아 성령께 가르침을 받기 전까지 어떻게 기도해야 할지 막막할 때도 있습니다. 영혼의 어두움이 깊어 환난으로부터 벗어나기 위하여 절실한 도움이 필요하지만, 어떠한 도움을 받아야 하는지도 알지 못할 때도 있습니다. 그것은 흡사 병에 걸렸지만 그 병을 치유할 약(藥)을 알지 못하는 것과 같습니다. 우리는 때로 많은 것을 마땅히 주님께 구해야 한다는 것을 알면서도 이를 무시하며 살아가곤 합니다. 우리는 그 모든 것이 도움이 되리라고는 느끼지만 그 가운데 어떠한 것도 우리의 처지에는 합당하지 않다고 느낄 때도 있습니다. 하나님의 뜻에 따라 확신을 갖고 영적인 축복을 구할 수 있다는 것을 압니다. 하지만 이마저도 우리가 처한 상황에는 합당하지 않다고 생각하곤 합니다. 우리가 구할 수 있는 것들이 있고, 그런 것들을 이미 받았다고 하더라도 그것이 우리의 목적에 실제로 도움이 되는지를 좀처럼 알지 못하기 때문입니다. 다시 말해 우리는 그러한 것을 구하는 것에 대해 일종의 주저함을 느끼고 있습니다. 하지만 세상 것들을 구할 때에는 주님의 뜻을 변경해 주실 것을 간청하는 우리의 모습을 봅니다. 모세는 가나안 땅에 들어가게 해 달라고 기도했지만, 하나님께서는 모세의 기도를 들어주지 않으셨습니다. 병 고침을 받은 사람이 주님과 함께 머무르기를 구했으나, 그 사람은 집으로 돌아가 친구들을 만나보라는 응답을 받았습니다. "그러나 나의 원대로 마옵시고 아버지의 원대로 하옵소서."(마 26:39) 우리는 항상 이렇게 구해야 합니다. 때로는 하나님의 뜻에 반대되는 것을 구해서는 안 된다는 생각이 우리의 정신적 고통을 더하는 것처럼 느껴지지만, 그럼에도 불구하고 무엇인가를 구해야 합니다. 기도의 때에 어떠한 주제로 기도를 드려야 하는지에 대해 우리는 분명히 깨닫지 못하는 것 같습니다. 무지와 당혹스러운 감정이 제거될 때에라도 우리는 마땅히 기도해야 할 바를 알지 못하는 것 같습니다.

기도의 주제를 알 때에도 우리는 종종 올바른 방식으로 기도하는 데에 실패하

곧 합니다. 기도하기는 하지만 기도에 반드시 들어가야 한다고 판단되는 생각이나 믿음이 부족하다 느껴, 우리에게는 그 기도가 응답받지 못할 것이라는 두려움이 있는 것 같습니다. 때로는 기도 생활의 핵심인 진지한 마음을 일으키지도 못하는 것 같습니다. 우리에게 무기력감이 엄습해 오고, 마음이 냉랭해지며, 손이 마비되어 천사와 씨름할 수 없게 됩니다. 어떤 주제로 기도를 드려야 하는지에 대해서는 알지만 마땅히 기도해야 할 바를 알지 못하는 것입니다. 주제가 정해지더라도 우리를 난처하게 하는 것은 어떤 방식으로 기도를 드려야 하느냐는 것입니다. 어떻게 기도를 드릴 수 있을까요? "저는 마음을 잡을 수가 없습니다. 저는 학(鶴)처럼 재잘거립니다. 저는 고통 중에 있는 짐승처럼 울부짖습니다. 저는 가슴이 메어지도록 탄식합니다. 그러나 오, 하나님! 저는 제 마음 깊은 곳의 영혼이 무엇을 필요로 하는지 알지 못합니다. 제가 그것을 안다고 하더라도 어떻게 해야 저의 간구가 당신 앞에 올바르게 상달될 수 있는지를 알지 못합니다. 저는 당신의 위대하신 모습 앞에서 어떻게 제 입술을 열어야 하는지를 알지 못합니다. 저는 너무 괴로워서 말할 수조차 없습니다. 제 영혼의 환난이 하나님 앞에 제 마음을 쏟아놓을 힘마저 빼앗아 갑니다." 사랑하는 성도 여러분! 이제 바로 그러한 곤궁(困窮)의 때에 성령께서 하나님의 도우심으로 우리를 도와주신다는 것을 기억하시기 바랍니다. 그렇기 때문에 하나님께서는 환난의 때에 만날 큰 도움이신 것입니다.(참조, 시 46:1)

성령께서는 우리가 어찌할 바를 모를 때에 우리에게 도움을 주시기 위해 오셔서 **우리에게 가르쳐주십니다.** 이것이 바로 신앙인의 마음속에서 활동하시는 성령의 역사 가운데 하나입니다. "그가 너희에게 모든 것을 가르치시고 내가 너희에게 말한 모든 것을 생각나게 하시리라."(요 14:26) 성령께서는 우리에게 필요한 것에 대해 그리고 그 필요에 대한 하나님의 약속을 우리에게 가르쳐주십니다. 성령께서는 우리의 허물이 어디에 있는지, 우리의 죄가 무엇인지, 우리에게 필요한 것이 무엇인지를 보여주십니다. 성령께서는 우리의 상황에 빛을 던져주셔서 우리로 하여금 절망, 죄, 절박한 가난을 철저하게 느끼게 해주십니다. 그리고 말씀의 약속에 같은 빛을 던져주셔서 우리의 곤궁을 예견하시며 세워두신 약속을 생각나게 해주십니다. 그 빛 속에서 성령께서는 가장 신실하고 가장 확실하며 가장 달콤하고 가장 적합하게 약속을 비추어주십니다. 이에 가련하게 두려워 떨 수밖에 없는 우리들이 이처럼 하나님의 입에서 나온 그 말씀을 감히 우리의 입에 담게 되는 것입니다. 그리고 그 말씀으로 하늘 보좌 앞에서 탄식하며 기도를 드리게 됩니다. 능력 있는 기도는 "주님, 당신께서 말씀하신 것같이 행하옵소서"라는 간구에 있습니다. 어두움에 처해 있을 때 성령께서 우리에게 빛을 던져주시므로 우리는 성령을 매우 소중하게 여겨야 합니다. 우리의 영혼이 어쩔 줄 몰라 몽롱하게 되고 어두워져 필요한 것을 보지 못하고 성경에서 말씀하신 합당한 약속을 찾지 못할 때, 바로 그때 성령께서 오셔서 우리에게 전해주신 주님의 그 말씀을 모두 기억나게 가르쳐주십니다. 성령께서는 기도 중에 우리를 인도하시며 우리의 연약함을 도우십니다.

그러나 복되신 성령은 이보다 더 많은 것을 행하십니다. 성령께서는 자주 **우리의 마음을 특별한 기도의 주제로 향하게 해주십니다.** 성령께서는 보혜사로서 우리 안에 거하시고, 하나님의 손에서 우리가 마땅히 구해야 할 바를 지적해 주십니다. 우리는 그 까닭을 알지 못하지만, 때때로 겉으로는 드러나지 않는 강력한 힘에 의해 어떤 일정한 목적을 위한 특별한 기도를 드릴 때 우리의 심령이 이끌림 당하는 것을 발견하게 됩니다. 우리의 판단이 우리를 그 방향으로 이끄는 것이 아닙니다. 하나님의 성령께서 우리의 판단을 밝혀주기 위해서 활동하시는 것입니다. 우리는 그때마다 심령 속에서 끊임없이 솟아오르는 형용할 수 없고 저항할 수도 없는 갈망을 느끼게 됩니다. 또한 우리는 하나님 앞에서 자신의 갈망을 고백하기보다는, 하루 종일 탄식만을 하는 자신을 느끼기도 합니다. 그러한 때에 우리의 갈망에 방향을 제시해주시고 분명한 길을 보여주시는 하나님께 감사를 드려야 합니다. 성령께서는 우리가 은혜의 보좌 앞에서 어떻게 간구를 드려야 하는지에 관해 방향을 부여해주시기 때문입니다. 그리고 우리는 우리의 간구가 상달된다는 것을 깨닫게 됩니다. 성도 여러분께서 자신을 밝게 비추어달라고 간구한다면, 성령께서는 여러분들의 간구를 들어주실 것입니다. 그리고 성령의 그 인도하심은 때론 부정적으로 때론 긍정적으로 나타날 것입니다. 부정적이라는 것은 성령께서 이러저러한 것을 구하지 말 것을 명하신다는 것을 의미합니다. 바울은 비두니아로 가기를 원했지만 성령께서는 이를 허락하지 않으셨습니다. 다른 한편, 긍정적으로는 여러분들의 영혼 속에서 나오는 외침을 듣게 하시고, 이를 간구함으로써 여러분들을 인도하실 것입니다. 성령께서는 마게도냐에서 바울에게 "이리로 와서 우리를 도우라"는 외침을 듣게 하셨습니다. 성령께서는 어느 누구에게서도 배울 수 없는 것들을 지혜롭게 가르쳐 주십니다. 성령의 인도하심에 복종하는 사람들은 결코 어두움에 빠지지 않습니다. 성령께서는 우리에게 신령한 눈을 주셔서 과녁 정 중앙에 있는 선하고 착실한 목표에 맞추게 하시기 때문입니다. 그리하여 우리는 우리의 간구 속에서 표적을 맞추게 됩니다.

이것이 전부가 아닙니다. 성령께서는 우리의 기도를 인도해주시고 도와주실 뿐만 아니라, 친히 하나님의 뜻에 따라 **"우리를 위해 친히 간구해 주십니다."** 이는 성령께서 탄식하시며 개인적으로 기도하신다는 것을 의미하는 것은 아닙니다. 오히려 **성령께서 강렬한 갈망을 일으키시어 우리 안에서 말로 다 할 수 없는 탄식을 만들어 내시므로**, 결국에는 성령께 속한다는 것을 의미하는 것입니다. 솔로몬도 성전 건

축의 모든 것을 감독하고 준비했기 때문에 성전을 세운 자로 인정을 받습니다. 그렇다고 우리는 솔로몬이 직접 목재를 다듬고 돌을 준비했다고 생각하지는 않습니다. 이와 같이 성령께서도 우리가 기도하고 간구할 수 있도록 인도해주심으로써 우리 안에서 기도하시고 간구하시는 것입니다. 성령께서는 우리의 갈망을 일으킴으로써 이를 행하십니다. 성령께서는 노련한 음유(吟遊) 시인이 능란한 손으로 현악기(絃樂器)를 연주하는 것보다 더 큰 능력으로 새로워진 심령에 놀라운 능력을 불어넣어 주십니다. 성령의 감화는 바람을 받으면 저절로 울리는 에올리언 하프처럼 감미로운 감사의 음조(音調)와 갈망의 음조를 자아내고 고무시키며 영혼을 관통하기도 합니다. 이때에 우리는 마치 성령의 내방(來訪)을 받아보지 못한 사람처럼 낯선 자가 될 것입니다.

성령께서는 주리고 목말라하는 우리의 영혼에 필요한 것이 무엇인지를 잘 알고 계십니다. 성령께서는 우리의 영적 무기력을 일깨우실 수 있으시며, 우리의 냉담함을 뜨겁게 만드실 수 있으십니다. 우리가 무릎을 꿇고 틀에 박힌 기도를 할 때, 성령께서는 우리의 기도를 일으키셔서 어느 누구도 도외시할 수 없는 승리의 기도로 만들어 주십니다. 성령께서는 우리의 심령에 간절한 갈망을 두심으로써 그 갈망이 성취될 때까지 결코 쉬지 않고 기도하게 해주십니다. 성령께서는 하나님의 성전을 위한 열망에 열중하게 하시고 하나님의 영광을 위한 열정을 뼛속까지 불 같이 일으키게 해주십니다. 이것이 성령께서 우리의 기도를 감화시켜주사 우리의 연약함을 도우시는 모습입니다. 성령은 참된 대변자이시며, 가장 효과적인 위로자이십니다. 그의 이름에 복이 있기를 …….

성령께서는 또한 신자의 믿음을 강화시키는 곳에서도 거룩하게 활동하십니다. 그 믿음은 우선 창조에 대한 믿음이며 그리고 보존과 증가에 대한 믿음입니다. 오,

형제자매들이여! 여러분들은 시험을 받을 때마다 그와 비례하여 자신의 믿음이 커져가는 것을 느끼지 못했습니까? 큰 홍수가 여러분을 에워쌀 때 노아의 방주와 같이 하늘을 향해 솟아오르지 않았습니까? 여러분들께서는 시험을 체험한 만큼 약속에 대해서도 이미 확실히 체험했을 것이라고 생각합니다. 말하자면 환난은 여러분들의 뼛속에 있지만 약속은 여러분들의 심령 한가운데 있는 것입니다. 고통을 느끼기에 괴로움을 의심할 수 없는 것입니다. 그러나 여러분들은 여러분의 확신이 굳고 요지부동하기 때문에 하나님의 도우심을 의심했을 때, 곧 괴로움을 당했다는 것을 경험했을 것입니다. 가장 위대한 믿음은 하나님께서 기도의 권리를 가지셨다는 것만을 믿는 것입니다. 하지만 성령께서 우리의 확신을 강화시켜주지 않으신다면 그리고 우리 앞에 안전하게 봉인된 언약(言約)을 열어주지 않으신다면, 우리는 그 믿음을 볼 수 없을 것입니다. 우리의 영혼으로 하여금 "내 집이 하나님 앞에 이 같지 아니하냐 하나님이 나로 더불어 영원한 언약을 세우사 만사에 구비하고 견고케 하셨으니"(삼하 23:5)라고 외치도록 하시는 분이 바로 성령이시기 때문입니다. 하나님의 성령은 복되십니다. 믿음이 있어야 그 기도는 하나님께 상달될 수 있습니다. 이에 성령께서는 우리의 믿음을 굳건히 세워주심으로써 우리의 탄식 기도가 상달될 수 있도록 우리를 도우십니다. 믿음이 없어 바람으로 넘실대는 바다의 파도와 같이 요동치는 기도는 결코 성공할 수 없습니다. 그러한 사람은 주님께로부터 어떠한 것도 받기를 기대해서는 안 됩니다. 그러나 성령께서는 우리의 요동함을 제거해주시고 하나님께서 하신 약속을 아브라함처럼 주저함 없이 믿게 해주십니다. 그리고 그때에 우리는 축복을 받게 되는 것입니다.

이제 저는 세 인물을 통해 하나님의 영의 활동을 말씀드리려 합니다. 하지만 그들은 모두 부족합니다. 실로 제가 말할 수 있는 것은 성령의 영광에 비한다면 하나

같이 상당히 부족할 수밖에 없습니다. 우리는 심령에 대해 성령께서 활동하시는 실제의 방식을 온전히 설명하려는 욕심을 버려야 합니다. 그것은 하나의 신비로 남는 것입니다. 신비의 베일을 제거하려는 시도는 부정한 침해가 될 것입니다. 그렇다고 하더라도 한 사람의 마음이 다른 사람의 마음에 작용하는 바와 같이, 성령께서 우리의 심령을 감화시키신다는 것을 믿는 데에는 어떠한 어려움도 없습니다. 우리가 이웃에게 영향을 미치려면 말을 사용하지 않을 수 없습니다. 그러나 하나님의 영은 더욱 직접적으로 활동하실 수 있고 침묵 속에서도 말씀할 수 있으십니다. 우리는 억측으로 인해 우리의 지식이 익사하는 곳으로 억지로 들어가지 않도록 하기 위해 이 문제에 뛰어들게 될 것입니다.

이 예화(例話)는 신비를 다루려는 것이 아니라 은혜를 보여드리려는 것입니다. 성령께서는 그의 백성에게 어느 정도 **따라할 수 있도록 대사를 미리 알려주는 자로서** 행동하십니다. 배우들은 대본에 따라 말하긴 하지만, 대사를 잊기 일쑤입니다. 그러므로 보이지는 않지만 어딘가에 대사(臺詞)를 미리 알려주는 자를 세워둡니다. 그러므로 말하는 사람이 어찌할 바를 모르고 엉뚱한 말을 전하게 될지 모를 때에 올바른 말을 제시하는 속삭임이 들려오는 것입니다. 말하는 사람이 그 말의 줄거리를 거의 모두 잃어버렸을 때 그는 귀를 기울이며, 미리 알려주는 자는 그에게 그의 기억을 도와주는 말을 전해줍니다. 바로 이것이 우리 안에서 그리스도께서 우리에게 말씀하신 것은 무엇이든지 생각나게 하시는 성령의 역사를 단적으로 나타내준다고 말할 수 있을 것입니다. 기도 중에 때로 우리는 무감각한 상태에 빠져버리지만 성령께서는 우리를 격려하고 가르쳐주시며 감화시켜 계속 기도할 수 있게 해주십니다. 기도 중에 우리는 지치게 되지만 위로의 성령께서 즐거운 마음으로 우리에게 용기를 주시고 새 힘을 주십니다. 우리가 당황하여 기도를 포기하려 할 때, 그의 사랑의 속삭임이 제단에서 우리의 영혼 속으로 숯불처럼 내려와 우리의 심령을 이전보다 더 큰 불꽃으로 타오르게 해줍니다. 성도 여러분! 성령께서 우리가 해야할 말을 미리 알려주시는 분이라고 생각하시기 바랍니다. 그의 음성을 향해 여러분의 귀를 기울이시기를 바랍니다.

그러나 성령께서는 이보다 더 많은 것을 행하는 분이십니다. 두 번째로 성령은 **법정에서 위기에 처한 우리에게 대변자로서** 활동하십니다. 어떤 가난한 사람이 자신의 전 재산이 걸린 소송(訴訟)에 휘말렸다고 상상해보시기 바랍니다. 그는 법정에 출두하여 자신의 권리를 주장해야 합니다. 만약 그가 교육을 제대로 받지 못했다면 그는 법정에서 불리한 위치에 처하게 될 것이고, 결국 패배하게 될 것입니다. 왜냐하면 그는 자신을 변호할 능력을 갖추지 못했기 때문입니다. 이 가난한 사람은 법에 대해 아는 것이 거의 없고 교활한 적대자들에게 대처할 능력이 없습니다. 그런데 바로 그때 법에 대해 완벽하게 아는 한 사람이 따뜻한 마음으로 그의 송사(訟事)를 떠맡고 그에게 와서 그가 가진 모든 지식을 동원하여 그 송사를 준비하고 탄원서를 작성해준다고 상상해 보십시오. 그것이 그에게 큰 구원이 되지 않겠습니까? 이 대변자는 그를 대신하여 탄원서를 제출해주고, 논거를 정리해주며, 이를 법정에서 온전하게 전해줄 것입니다. 그가 법정에서 당황스러운 질문을 받게 된다면, 대변자는 그에게 대처하는 방법을 정확하게 말해줄 것입니다. 판사에게 직접 탄원해야 할 때 이 대변자는 처신하는 법, 주장해야 할 내용을 가르쳐 주고, 승소(勝訴)할 수 있다는 희망을 줍니다. 이것이 그에게 큰 은혜가 되지 않겠습니까? 그러한 경우에 탄원자는 누가 될까요? 물론 가난한 의뢰인이 탄원하는 것이겠지만 그는 자신과 함께 살면서 자신에게 충고해준 대변자에게 모든 공을 돌릴 것입니다. 사실상 가난한 사람이 직접 탄원했다고 하더라도 실제로 탄원해주었던 사람은 대변자일 것입니다. 이것이 위대한 사실에 대한 교훈적인 상징입니다. 참된 신자라면 내 몸속에, 이 육체 속에 성령께서 거하실 것이며, 기도하기를 갈망할 때에 마땅히 구해야 할 바가 무엇인지를 묻는다면 성령께서는 도와주실 것입니다. 성령께서는 마땅히 드려야 할 기도를 우리 마음 판에 써주실 것입니다. 그리고 우리는 그것을 보고 어떻게 탄원해야 할지에 대해 알게 될 것입니다. 은혜의 보좌 앞에서 우리 안에서, 우리로 말미암아, 우리를 통하여 탄원하시는 분은 성령 그 자신이십니다. 자신을 대신해 변호해주시는 대변자가 있기에 가난한 사람은 얼마나 행복한 사람입니까! 성령을 우리의 보혜사로 모신 여러분과 저는 또 얼마나 행복한 사람들입니까!

한 가지 예화(例話)를 더 들어보겠습니다. **아들을 돕는 아버지에 관한 이야기**이며 몇 세기 전으로 거슬러 올라갑니다. 예전의 전쟁은 대부분 활 쏘는 궁수(弓手)들에 의해서 수행되었습니다. 그 당시 활 쏘는 기술을 전수받으려는 한 아이가 있다고 해봅시다. 그 아이에게 활은 매우 낯설고 힘겨운 것이어서 활을 사용하기란 매우 어려웠을 것입니다. 실제로 개구쟁이 아이의 힘으로는 그 활시위를 당길 수 없습니다. 아버지가 아들에게 가르치는 방법을 봅시다. "얘야, 오른손을 여기에 두고 왼손을 저기에 두거라. 그리고 이제 당겨라." 아이가 활시위를 당길 때 아버지의 손은 아들의 손 위에 있습니다. 활이 당겨집니다. 그 아이는 마침내 활시위를 당긴 것입니다. 하지만 사실은 아버지가 활을 당긴 것과 똑같습니다. 우리는 혼자서 기도의 활을 당길 수 없습니다. 우리 힘으로는 강철로 만든 활을 사용 할 수 없습니다. 우리는 그 활을 구부릴 수조차 없기 때문입니다. 그때에 성령께서는 전능하신 손을 우리 손 위에 얹으시고 우리가 활시위를 당길 수 있도록 우리의 연약함을 도맡아주시는 것입니다. 그러자, 놀랍게도 활시위는 당겨집니다! 그렇게 당기기 힘들었던 활이 어떻게 그렇게 쉽게 당겨지는지, 우리는 그저 놀랄 뿐입니다! 능력을 주시는 분이 목표 또한 지도해주시기 때문에 화살은 과녁 정 중앙에 꽂히게 됩니다. 우리는 승리의 그 날을 생각하며 즐거워하지만, 우리를 강하게 만든 것은 성령의 비밀스러운 권능인 것입니다. 영광을 그에게 돌리시기 바랍니다.

이제까지 저는 성령께서 하나님의 백성을 도우신다는 즐거운 사실을 여러분들께 말씀드렸습니다.

성령께서 강화하시는 기도

성경에서는 **"성령이 말할 수 없는 탄식으로 우리를 위하여 친히 간구하시느니라"**고 말씀하십니다. 탄식하시는 분은 성령이 아닙니다. 오히려 우리가 탄식하는 것입니다. 제가 여러분들께 말씀드린 바와 같이, 성령께서는 우리가 탄식할 수 있도록 감정을 불러 일으켜주십니다.

성령께서 우리 안에 써주시는 기도는 **영혼의 가장 깊은 곳으로부터 나오는 기도**입니다. 사람의 마음은 탄식할 때 감동을 받습니다. 탄식에는 위선(僞善)이 없기 때문입니다. 탄식은 입술에서 나오는 것이 아니라 마음으로부터 나옵니다. 그러므로 탄식은 성령의 힘을 통해 드리는 기도의 가장 중요한 부분이며, 삶의 저 깊은 샘물로부터 흘러나오는 기도는 모두 그러합니다. 예언자는 이렇게 외칩니다. "여호와여 내가 수척하였사오니 긍휼히 여기소서 여호와여 나의 뼈가 떨리오니 나를 고치소서. 나의 영혼도 심히 떨리나이다."(시 6:2-3) 이 깊은 갈망의 샘, 조수(潮水)에 영향을 받는 생명 강의 움직임은 성령에 의해서 생기는 것이며, 성령의 활동은 결코 피상적인 것이 아니라 항상 깊으며 내면적인 것입니다.

그러한 기도는 우리의 심령이 너무 괴로워 말할 수조차 없을 때, 우리의 내면에서 **일어나는 것입니다.** 기도해야 할 바를 알지 못할 때가 있습니다. 그러한 때에 우리는 탄식하거나 알아들을 수 없는 소리를 내게 됩니다. 히스기야는 "나는 제비 같이, 학 같이 지저귀며"(사 38:14)라고 고백했습니다. 「시편」 기자는 "내가 괴로워 말할 수 없나이다"(시 77:4)라고 말했고, 다른 곳에서 "내가 피곤하고 심히 상하였으매 마음이 불안하여 신음하나이다", "주여 나의 모든 소원이 주의 앞에 있사오며 나의 탄식이 주의 앞에 감추이지 아니하나이다"(시 38:8-9)라고 말했습니다. 죄인의 탄식은 확실히 여호와의 귀에 상달됩니다. 말로 다 할 수 없는 이러한 탄식 속에 참된 기도가 들어있기 때문입니다. 우리 안에서 드리는 이러한 모든 참된 기도는 성령의 능력을 통해 이루어집니다. 참된 기도는 마음의 당황함과 비탄함으로 인해 그 정서를 말로 표현할 수 없을 때에 탄식의 형태로 드려집니다. 저는 여러분들께서 탄식 기도를 결코 가볍게 여기지 않기를 바랍니다. 오히려 그러한 기도는 야베스가 드린 기도와 같다고 생각합니다. 야베스에 대해 성경에서는 다음과 같이 기록하고 있습니다. "그 형제보다 존귀한 자라 …… [그 어미가] …… 수고로이 낳았다 함이었더라."(대상 4:9) 몸부림 속에서 나온 기도, 영혼의 깊은 곳에서 나온 기도는 진주나 산호(珊瑚)보다 더 귀합니다. 왜냐하면 그것은 성령의 중보 기도이기 때문입니다.

이러한 기도들은 말할 수 없는 위대한 것들을 향하고 있기 때문에 때로는 말로 표현할 수 없는 탄식이 됩니다. "나의 주님, 원합니다! 저는 원하고 원합니다. 제가 원하는 것을 당신께 말할 수 없습니다. 하지만 저는 모든 것을 원하는 것 같습니다. 어떤 작은 것이라면 저의 좁은 능력으로도 그것을 이해하고 묘사할 수 있을 것입니다. 하지만 저는 약속하신 축복 모두를 필요로 합니다. 제가 당신께 구하기 전에 당신은 제게 필요한 것을 이미 아십니다. 제게 필요한 모든 것을 낱낱이 고하지 못할지라도, 저는 그것이 매우 큰 것이며 저 자신이 짐작조차 할 수 없는 것이라고 생각합니다. 제가 더 이상 아무것도 할 수 없기에 저는 탄식합니다." 큰 갈망, 숭고한 동경(憧憬)으로 드려지는 기도와 높은 계획은 확실히 성령의 역사이며, 그 능력이 너무 위대하게 나타나서 그것을 제대로 표현해 낼 수 없습니다. 말로도 할 수 없고 그것을 표현하려는 탄식조차도 말로 표현할 수 없는 것입니다.

그러나 사랑하는 성도 여러분! 우리가 탄식하는 것은 우리들의 갈망이 사소하거나 우리들의 믿음이 좁다고 의식하고 있기 때문일 수도 있습니다. 시험이 너무나도 평범한 것이어서 기도할 수 없을 수도 있습니다. 저는 어떤 문제에 대해서는 기도할 수 없다고 느낀 적이 있었습니다. 하지만 그럼에도 저는 탄식하지 않을 수 없었습니다. 몸속에 있는 가시는 그 아무리 미미하고 보잘 것 없더라도 뼈를 도려내는 칼처럼 고통스러운 것일 수 있습니다. 우리는 주님께 이를 간절히 구할 수도 있습니다. 우리는 마땅히 구해야 할 바를 알지 못하였으므로 어떠한 응답도 받지 못했다고 느낄 수도 있습니다. 그래서 그것은 오히려 우리를 더욱 더 탄식하게 만듭니다. 그렇습니다. 우리의 기도가 자연스러운 탄식으로, 말로 다 할 수 없는 성령의 탄식으로 상달될 수 있는 것입니다. 사랑하는 성도 여러분! 사람들이 올바른 기도라고 생각하는 기도와 하나님께서 올바른 기도라고 여기시는 기도가 얼마나 다른지를 생각해보시기 바랍니다. 여러분들께서는 문체가 아름다운 기도문을 보셨을 것이며, 강단에서 울려 퍼지는 매우 우아한 기도를 들으셨을 것입니다. 그러나 저는 여러분들이 그러한 기도를 부러워하지 않기를 바랍니다. 이들을 올바르게 판단하기를 원합니다. 저는 여러분들께서 멋진 기도를 좋게 생각하는 일이 없기를 바랍니다. 복되신 거룩한 하나님 앞에서 거창한 웅변가(雄辯家)가 되는 것은 죄 된 탄원자(歎願者)가 되는 것에 불과하기 때문입니다.

어떤 성직자가 "보스턴(Boston) 시에 모인 청중들에게 가장 멋진 기도"를 낭독했다고 말하는 것을 들은 적이 있습니다. 바로 그것입니다! 보스턴 시에 모인 청중들은 멋진 기도를 받았지만, 그 기도는 거기에서 끝났습니다. 우리는 기도에서 영의 마음을 원하는 것이지 육신의 마음을 원하는 것이 결코 아닙니다. 교만이 우리의 기도를 견인하지 말아야 합니다. 우리의 기도에는 오직 믿음의 날개 깃털만이 필요합니다. 시적(詩的)으로 아름답게 펼쳐지는 공작(孔雀)의 깃털은 하나님의 보좌 앞에서는 설자리가 없습니다. "그 기도에서 사용한 언어가 얼마나 아름다운가!" "그 기도는 얼마나 지성적인가!" 그렇습니다. 맞습니다. 그러나 하나님께서는 마음을 보십니다. 하나님께는 우리가 보기에는 멋진 언어도 소리 나는 구리와 울리는 꽹과리에 지나지 않습니다. 하지만 탄식에는 음악이 들어있습니다. 하지만 **우리는** 보통 탄식을 좋아하지 않으며, 우리의 귀는 너무 민감해서 그렇게 음울한 소리를 참아내지 못합니다. 하지만 영혼의 위대하신 아버지께서는 그렇지 않으십니다. 감리교에 나가는 형제들은 "아멘"이라고 외치겠지만, 이에 대해 여러분들께서는 "나는 감리교 식(式)의 그러한 소음(騷音)을 참을 수 없다"고 말할 것입니다. 아닙니다. '아멘' 소리가 사람의 심령에서 나온 것이라면 하나님께서는 그 소음을 참으실 것입니다. 오늘밤 여러분들께서 기도를 드리기 위해 골방으로 들어갈 때에 기도할 수 없다면 이렇게 탄식하게 될 것입니다. "주여, 저는 너무나 고뇌로 가득 차서 어찌 기도해야 할지 모르겠나이다. 저의 울부짖는 소리를 들으소서." 하지만 그 순간에 여러분들은 자신이 실제로 기도를 드리고 있다는 것을 깨닫게 될 것입니다. 다윗과 같이 우리가 "내가 …… 입을 열고 헐떡였나이다"(시 119:131)라고 말할 때, 우리는 결코 나쁜 마음 상태에 있는 것이 아닙니다. 아주 멋진 기도의 말들, 특히 기도하는 사람의 낭송(朗誦)이나 연출(演出)은 오히려 하나님께 혐오스러운 것이 될 수 있습니다. 하나님께 '낭송' 이라고 일컬어지는 방식에 따라 장엄한 탄원을 드리는 것은 오히려 하나님을 모독하는 것일 수 있습니다. 진정한 마음에서 나오는 탄식이 진정 하나님께 무한정으로 용납됩니다. 왜냐하면 그것이 성령의 역사이기 때문입니다.

그러므로 성령께서 활동하시는 기도를 **참 기도**라고 말할 수 있을 것입니다. 우리에게 있어 어려운 점이 마땅히 구할 바를 알지 못한다는 것이라는 점에 주목하시기 바랍니다. 그럼에도 성령께서는 우리가 구하는 바를 정확히 아십니다. 응답받는 기도에는 참 지식이 필요하기에 성령께서는 우리가 지성적으로 기도할 수 있도록 우리를 도우실 수 있습니다. 성령께서는 '성령의 마음'에 대해 말씀해주십니다. 그 마음, 이 땅에 충만한 질서를 모두 지배하는 성령의 마음은 얼마나 놀라운 마음입니까! 과거에는 혼돈과 혼동이 있었지만 성령께서는 만물을 품고 계시며, 그의 마음은 우리가 감탄해마지 않는 이 아름다운 광경의 창시자이십니다. 성령의 마음은 얼마나 놀라운 마음입니까! 그 마음은 거룩하신 성령의 감화하심을 통해 주님 앞에서 우리의 처지를 아뢰고 거룩한 지혜로 유익하고 필요한 것들을 구할 때마다, 우리를 위한 중보 기도로 나타나주십니다. 지혜의 성령께서 우리 안에서 활동하심으로 인해 생겨나는 지혜롭고 바람직한 갈망은 또 얼마나 놀랍습니까!

더욱이 성령의 중보 기도는 우리의 기도를 **합당한 방식으로** 드려지는 기도로 만들어주십니다. 저는 우리들의 어려움이 마땅히 구할 바를 알지 못한다는 것이며, 이에 성령께서 올바른 방식으로 우리를 위해 중보의 기도를 해주심으로써 그 난점이 극복된다는 것을 말씀드렸습니다. 성령께서는 우리 안에서, 우리의 탄원 속에서 하나님께 용납될 수 있는 겸손과, 진지함과, 열심과, 끈덕진 간청과, 믿음과 복종을 일으켜주십니다. 우리는 기도의 향(香) 속에 이러한 거룩한 향신료(香辛料)들을 어떻게 섞어야 하는지를 알지 못합니다. 우리에게만 맡겨둔다면 우리는 기껏해야 한 가지 성분만을 넣거나 혹은 다른 성분을 너무 많이 넣어 거룩한 혼합물을 망치기 일쑤입니다. 하지만 성령의 중보 기도는 선한 모든 것을 복되게 혼합하여 주 앞에서 달콤한 향기가 되게 해 주십니다. 성령께서 가르쳐주시는 기도는 마땅히 드려야 할 것을 드리십니다. 그러한 기도는 어떤 점에서는 성령 자신의 중보 기도라고 볼 수 있습니다. 왜냐하면 성령께서는 우리를 간섭하여 도우실 뿐만 아니라 직접 '기도해 주신다' 는 말씀이 성경에 기록되어 있기 때문입니다. 성경에는 성령께서 우리를 위해 간구하신다는 말씀이 두 번 나옵니다. 그리고 저는 이 말씀의 의미가 아들의 손 위에 자신의 손을 얹어놓고 활을 쏘는 법을 가르쳐주시는 아버지의 심정과 같다고 말씀드렸습니다. 이것은 우리의 기도를 돕는 것 이상이며 우리에게 용기를 주시거나 우리를 지도해주시는 것 이상입니다. 그러나 저는 더 이상의 모험을 하지는 않겠습니다. 다만 성령께서 그 자신의 마음의 힘을 우리의 가련하고 연약한 생각과 갈망과 소망에 얹어놓으심으로써 우리를 위해 간구해주신다는 것을 전하고자 할 뿐입니다. 성령께서는 그의 선하신 즐거움에 따라 뜻하시고 기도하시기 위해 우리 안에서 활동하십니다.

    그럼에도 불구하고 저는 **성령의 이러한 중보 기도가 오직 성도들 안에서만 드려진다**는 것을 말씀드리고자 합니다. "성령이 우리를 위하여 간구하시느니라." "성령이 성도를 위하여 간구하심이니라." 그렇다면 성령께서는 죄인들을 위해서 행하는 일은 없으실까요? 안타깝지만 그렇습니다. 성령께서는 죄인들을 소생시켜 영적인 생활로 이끌어 가시고 저들을 올바른 길로 인도하여 주십니다. 그리고 성도들 안에서 함께 활동하시며 우리로 하여금 그의 마음에 따라 그리고 하나님의 뜻대로 기도하게 하십니다. 하지만, 불행히도 거듭나지 않은 사람들 안에는 성령의 중보 기도가 없습니다. 그리고 거듭나지 않은 사람들을 위해서 드려지는 성령의 중보 기도도 없습니다. 오, 불신자들이여! 여러분들은 우선 성도가 되어야 합니다. 그렇지 않으면 여러분들의 내면에서는 결코 성령의 중보 기도를 느낄 수 없을 것입니다. 성령의 축복을 받기 위해서 우리는 반드시 그리스도께로 나아가야 합니다. 성령의 축복은 하나님의 자녀만이 갖게 되는 특권이며 그리스도를 믿는 믿음으로만 자신의 것이 될 수 있을 것입니다! "영접하는 자 곧 그 이름을 믿는 자들에게는 하나님의 자녀가 되는 권세를 주셨으니."(요 1:12) 게다가 하나님의 자녀에게만 양자(養子)의 영과 모든 것을 도우시는 성령의 은혜가 주어지게 됩니다. 우리가 하나님의 자녀가 되지 못한다면 성령의 내주(內住)하심은 결코 우리의 것이 될 수 없을 것이며, 예수의 중보 기도로부터도 제외될 것입니다. 왜냐하면 예수께서 "내가 비옵는 것은 세상을 위함이 아니요 내게 주신 자들을 위함이니이다"(요 17:9)라고 말씀하셨기 때문입니다.

이와 같이 저는 성령께서 감화하시는 기도의 유형을 여러분들께 말씀드렸습니다.

응답받는 기도

하나님의 영이 우리 안에서 감화하시는 기도는 모두 반드시 응답을 받게 됩니다. 첫째로 거기에는 **하나님께서 들으시고 승인하시는 중요한 의미**가 들어있기 때문입니다. 하나님의 영이 사람의 마음에 기도를 써주실 때, 그 사람 자신은 그 내용이 무엇인지를 알지 못할 수도 있습니다. 그 기도에 대해 그는 단지 일종의 탄식만을 할 뿐이며 그것이 전부일 수도 있습니다. 아마도 그는 성령의 마음을 표현할 만큼 성령을 받지 못했을 것입니다. 그는 말로 다할 수 없는 탄식을 느끼고, 내면의 슬픔을 표현할 방도를 찾지 못할 것입니다. 하지만 우리의 마음을 즉시 감찰하시는 하나님 아버지께서는 성령께서 거기에서 쓰신 내용을 읽으시므로 굳이 우리 자신이 탄식의 의미를 해석할 필요는 없게 되는 것입니다. 하나님께서는 우리의 마음 자체를 읽으십니다. 하나님께서는 성경이 말씀하는 바와 같이 '성령의 생각'을 아십니다. 성령은 성부와 하나이시며, 성부는 성령의 생각을 아십니다. 성령께서 일러주시는 소원은 너무 신령한 것이어서, 어린아이와 같은 우리들은 그것을 설명하거나 표현할 수 없습니다. 하지만, 성령께서 일러주시는 소원이 우리 내면에 있는 것은 분명한 사실입니다. 우리는 이전에는 결코 생각해본 적이 없는 것들, 즉 우리 위에 있는 축복에 대한 소원에 대해 갈망합니다. 하지만 성령께서는 새로워진 심령에 그 소원을 써주시고 아버지 하나님께서는 그것을 보십니다.

이처럼 하나님께서 마음속에 있는 것을 읽으시고 마음을 감찰하신 것은—이 경우에 '안다'라는 말이 전지전능하신 행위는 물론 승인도 의미하기 때문에—반드시 응답을 받습니다. 예수께서 "구하기 전에 너희에게 있어야 할 것을 하나님 너희 아버지께서 아시느니라"(마 6:8)고 말씀하시지 않았습니까? 예수께서는 우리에게 절실하게 필요한 축복을 모두 받게 될 것이라는 것을 믿으라는 일종의 격려로서 이것을 말씀하신 것이 아니겠습니까?

마음을 뒤흔드는 기도, 눈물에 젖은 기도, 탄식으로 발음이 똑똑하지 못해 조화를 이루지 못하는 기도, 가슴에서 우러나오는 기도, 마음의 흐느낌이 있는 기도, 영혼의 고뇌와 쓰라림을 토하는 기도는 모두 응답을 받게 됩니다. 은혜로우신 우리 주님은 우리가 책을 읽는 것과 같이 저들의 마음을 읽으십니다. 간단한 예를 들어 보겠습니다. 여러분의 집에서 아직 말을 배우지 못한 한 아기를 보았다고 합시다. 그 아기는 무언가를 달라고 보챕니다. 그 소리는 낯선 사람들에게는 이해할 수 없는 신호와 몸짓으로 혼합되어 매우 이상하며 알아들을 수 없을 정도의 시끄러운 소리로 들릴 것입니다. 그렇지만 그 아기의 어머니는 즉각 그 아기의 뜻을 이해하고 아기가 원하는 것을 들어줍니다. 어머니는 아기의 말을 번역할 수 있으며, 다른 누구도 이해할 수 없고 시끄럽게만 들리는 아기의 소리를 이해하는 것입니다. 하늘에 계시는 우리 아버지께서도 아기와 같이 연약한 우리의 말을 모두 아십니다. 우리가 드리는 기도가 아기의 말보다 훨씬 더 훌륭하지도 않습니다. 하나님께서는 어찌할 바를 모르는 그의 자녀들의 울음소리와 신음소리와 탄식과 재잘거림을 아시고 이를 이해하십니다. 그렇습니다. 자상한 어머니는 아기가 스스로 무엇을 원하는지를 알기 전에 이미 아기에게 필요한 것이 무엇인지를 압니다. 어린 아기는 더듬고 웅얼거리며 말을 꺼낼 수 없지만 어머니는 아기가 말하려는 것을 보고 그 의미를 알아낼 수 있듯이, 위대하신 아버지 하나님께서도 바로 그와 같다는 것을 저는 여러분에게 말씀드리고 싶습니다.

> 하나님께서는 우리가 입술을 떼기 전에도
> 우리가 어떤 생각으로 말하려는 지를 아신다.

그러므로 성령의 기도가 하나님께 알려지고 이해되기 때문에 확실히 응답받게 된다는 것에 기뻐하십시오.

그러한 기도가 응답받게 될 것이라고 확신케 하는 주장은 바로 이것입니다. **그러한 기도가 성령의 생각**이라는 것입니다. 복되신 하나님은 한 분이십니다. 성부와 성자와 성령 사이에 분열은 있을 수 없습니다. 이들 하나님의 성 삼위(三位)는 언제나 함께 활동하시며, 삼위일체 하나님의 복되신 각 위격을 영화롭게 하려는 공통의 갈망이 있습니다. 그러므로 성령의 생각이 성부의 생각이나 성자의 생각과 다르다는 속된 마음을 품지 말아야 합니다. 하나님의 생각은 하나이며 조화를 이루고 계십니다. 그러므로 성령께서 여러분들 안에 거하시고 여러분들에게 어떤 갈망을 일으키신다면, 성령의 생각이 여러분들의 기도에 나타나신 것입니다. 그리고 영원한 성부께서 여러분들의 간구를 거절하신다는 것은 불가능한 일입니다. 하늘로부터 오는 기도는 확실히 하늘로 다시 상달됩니다. 성령께서 기도를 불어넣어 주신다면, 성부께서는 그 기도를 반드시 받아들이셔야 하며 또한 마침내 받아들이실 것입니다. 왜냐하면 성부께서는 영원히 복되시고 찬양받으실 성령께 사소한 것을 맡기는 분이 아니기 때문입니다.

　이제 한마디 말씀만 더 전하고 설교를 마무리하고자 합니다. 즉 **심령 속에서 일어나는 성령의 역사는 하나님께서 아시는 성령의 생각만이 아니라, 또한 하나님의 뜻이나 생각을 따르게 합니다.** 왜냐하면 성령께서는 하나님의 뜻을 따르는 당신의 자녀들 외에는 중보 기도를 드리지 않으시기 때문입니다. 그렇다면 하나님의 뜻이나 하나님의 생각은 두 가지 방식으로 나타날 수 있겠습니다. 첫째로, 십계명의 거룩한 선포에서 나타나는 하나님의 뜻이 있습니다. 하나님의 영은 결단코 불경하거나 여호와의 율례(律例)에 어긋나는 것을 간구하라고 촉구하지 않으십니다. 둘째로, 우리가 전혀 알지 못하는 하나님의 비밀스런 생각, 하나님의 영원한 예정과 섭리의 뜻이 있습니다. 그러나 우리는 하나님의 영이 결단코 하나님의 영원하신 목적에 반대되는 것을 간구하라고 촉구하지 않으신다는 것을 잘 압니다. 성령께서 하나님의 목적을 모두 아신다는 것을 생각해 보십시오. 하나님의 목적을 성취하려 하신다면, 성령께서는 하나님의 자녀들을 감동시켜 그의 목적을 간구하도록 하실 것입니다. 그러므로 저들의 기도는 하나님의 섭리(攝理)와 통하고 하나님의 섭리에 부합됩니다. 오, 여러분! 여러분의 기도가 봉인된 운명의 책과 교신한다는 것을 안다면 확신을 가지고 기도하지 않겠습니까? 우리는 주님이 직접 정해놓으신 것을 행하실 것을 간청할 수 있습니다. 하나님께서 어떤 일을 이미 정해놓으셨다면 육에 속한 사람들에게는 그것에 대해 기도할 필요가 없다는 단정을 내리기 쉽습니다. 그러나 믿음을 가진 사람은 은밀하게 축복을 내리기로 정해놓으신 하나님께서 우리에게 그것을 위해 기도하라고 명하셨다는 것을 곧 깨닫게 될 것입니다. 그러므로 믿음을 가진 사람은 복종하여 기도해야 합니다. 일이 이루어질 때 저들 앞에 어떤 조짐이 나타나게 됩니다. 하나님께서 그의 백성에게 은총을 주실 때에 교회에 기도의 조짐이 나타납니다. 하나님께서 어떤 개인에게 은총을 베푸시려 하신다면 하나님께서는 그 영혼에 대한 소망스런 기대의 조짐을 감찰하실 것입니다. 우리의 기도-우리의 기도에 아무런 능력도 없을 때 사람들로 하여금 그 기도를 보고 조롱하게 하라-는 하나님의 섭리라는 수레바퀴가 움직이는 것을 보여주는 지표(指標)입니다. 믿음으로 드리는 탄원 기도는 미래에 대한 예보(豫報)가 됩니다. 믿음으로 기도를 드리는 사람은 옛 선견자(先見者)와도 같아서 장차 일어날 일을 볼 수 있게 됩니다. 믿음으로 기도를 드리는 사람의 거룩한 예상(豫想)은 망원경과 같아서 멀리 떨어져 있는 사물을 가까이 끌어들여 아직 보이지 않는 것을 볼 수 있게 됩니다. 그는 하나님께 구한 간청이 있다고 담대하게 말합니다. 따라서 그는 축복이 오기도 전에 이미 즐거움을 간직한 채 하나님을 찬양하기 시작하게 됩니다. 그러므로 성령이 감화하는 기도는 하나님의 섭리(攝理)의 발걸음소리가 됩니다.

　　사랑하는 성도 여러분! 이제 여러분들께 성령의 절대적인 필요성을 다시 한번 강조함으로써 끝을 맺고자 합니다. 성도들께서 마땅히 구해야 할 바를 알지 못한다면, 주께 헌신하는 성도들이 그리스도와 함께 고난을 받는다면 저들은 여전히 성령의 가르침을 받아야 할 필요성을 느끼게 될 것입니다. 여러분들이 성도도 아니며 하나님께 복종하지 않는 사람들이라면 하나님의 가르침을 과연 필요로 할까요? 오, 여러분들께서는 성령에 대한 여러분의 의존 감정을 느끼실 것입니다. 성령께서 오늘도 구원을 위해 우리로 하여금 예수 그리스도를 바라보게 하시기를 바랍니다. 이러한 성령의 은사, 이러한 하나님의 약속이 사람들에게 널리 주어지는 것은 오직 십자가에 달리셨다가 이제는 승천하신 구속자(救贖者)로 말미암는 것입니다. 성령이 예수께로부터 오셔서 여러분들을 예수께로 인도하시기를 빕니다.

하나님의 사람들이여! 이제 마지막 말씀을 여러분과 함께 나누고자 합니다. 하나님의 위격(位格)이신 성령께서 여러분 안에 영원히 거하시며 여러분의 기도를 도와주시기 위해 여러분과 함께 하신다는 이것이 얼마나 큰 자기 낮춤이신가를 생각해보시기 바랍니다. 잠시 제 말에 귀를 기울여 보십시오. 가장 영웅적인 모습으로 성령이신 하나님께서 그의 백성들을 도우신다는 말씀을 읽게 된다면, 우리는 그것을 그리 어렵지 않게 이해할 수 있을 것입니다. 가장 감미로운 찬송으로 예배를 드리고 가장 높으신 하나님 앞에서 가장 높은 음조로 성가(聖歌)를 부를 때 성령께서 저들을 도우신다고 한다면, 그것도 쉽게 이해할 수 있을 것입니다. 그리고 전심전력을 다하는 기도와 성령이신 하나님의 능력 있는 중보 기도를 통해 우리들을 도우신다는 것을 들을지라도 저는 그것을 이해할 수 있을 것입니다. 그러나 성령이신 하나님께서 우리가 말하지 못하고 탄식만을 할 때에 우리를 도와 우리와 함께 탄식하신다는 말씀을 들을 때, 저는 경건한 놀라움으로 무릎을 꿇고 마음이 기진맥진하여 경배하지 않을 수 없게 됩니다. 그렇습니다. 우리가 탄식소리조차 낼 수 없을 때, 성령께서는 우리를 도우실 뿐만 아니라 그가 특별하게 만드신 말할 수 없는 탄식으로 중보 기도를 해주시는 것입니다. 사실상 이것이 성령의 자기 낮춤이십니다!

탄식 속에서도 발산할 수 없는 슬픔 속에 처한 우리를 황공하게도 도와주심으로써 성령은 자신이 참된 위로자임을 입증해 주십니다. "오 하나님! 나의 하나님! 당신은 나를 버리지 않으셨나이다. 당신은 나를 외면하지 않으셨고 나의 울부짖는 소리를 외면하지 않으셨나이다. 당신은 당신의 독생자가 우리를 위해 저주를 받고 고뇌 속에서 '나의 하나님, 나의 하나님, 어찌하여 나를 버리셨나이까' (마 27:46)라고 절규하실 때 그를 잠시 버리셨나이다. 그러나 당신은 그리스도를 통해 다시 의롭게 된 우리의 형제들을 떠나지 않으실 것입니다. 당신의 성령께서 저들과 함께 하시어 말할 수 없는 탄식으로 저들을 위해 중보의 기도를 해주신 만큼 저들은 그렇게 탄식하지 않을 것입니다." 극진히 사랑하는 형제들이여! 하나님께서는 여러분들을 축복하기를 원하십니다. 여러분들은 여러분 안에서 여러분과 함께 이처럼 활동하시는 주의 영을 느끼시기 바랍니다. 아멘, 아멘.

성령을 '부어주시는' 분

월리엄 생스터(William E. Sangster, 1900~1960)는 전도와 실천적 성화(聖化)에 헌신하여 '그 시대의 존 웨슬리'로 평가 받는다. 그는 잉글랜드와 웨일즈에서 목회를 했고, 그곳에서의 그의 설교는 감리교 지도자들의 관심을 끌기에 충분했다. 2차대전 중에는 웨스트민스터 센트럴 홀(Westminster Central Hall)에서 목회를 했는데, 그곳에서 그는 교회를 맡으면서 공습 대피소를 관리하기도 했다. 그 후 런던 대학교에서 연구를 하고 철학박사 학위를 받았다. 그는 감리교 연회(1950년)의 감독회장직과 감리교 가정 선교회의 총무도 맡았으며, 여러 권의 설교집은 물론 설교, 성화, 전도에 관한 책들을 펴냈다.

이 설교는 1961년에 런던 엡워스 출판사(Epworth Press)가 발행한 『웨스트민스터 설교선 *Westminster Sermons*』 2권에 포함되어 있다.

2

윌리엄 샘스터(William E. Sangster)

성령을 '부어주시는' 분

"하나님이 오른손으로 예수를 높이시매 그가 약속하신 성령을 아버지께 받아서 너희 보고 듣는 이것을 부어 주셨느니라."(사도행전 2:33)

성령강림절을 맞이했습니다. 또한 우리는 교회 탄생일을 맞이한 것입니다. 왜냐하면 성령께서 우리에게 임하셨을 때 교회가 탄생했기 때문입니다.

성경본문에서는 하나님께서 예수를 높이셨을 때, 성령을 **'부어주셨다'** 라고 말씀해주고 있습니다. 그것이 성령 역사의 특수한 부분이며 제가 지금 말씀드리고자 하는 바입니다.

신약성경에서 성령은 여러 가지 용어로 언급되는데, 그 중에서도 특히 '보혜사(paraclete)' 라는 용어가 나옵니다. 보혜사를 나타내는 **'파라클레테'** 라는 말은 두 개의 헬라어에서 유래됩니다. 즉 '곁으로' 라는 의미를 가진 **'파라(para)'** 와 '부르다', '소환하다' 라는 의미를 가진 **'칼레오(kaleo)'** 에서 유래된 것으로 대개 법정(法廷)에서 사용되었습니다. 자, '곁으로 부른 사람' 을 마음속에 그려보시기를 바랍니다. 그 말은 때로는 '위로하는 분' 으로 번역되었고, 때로는 '보혜사' 로 번역되었는데, 가장 좋은 번역은 '대변자' 입니다.

법률적인 용어로는 '법정 변호사'를 의미합니다. 스코틀랜드에서는 **법정 변호사(barrister)**라는 말을 좀처럼 사용하지 않습니다. 같은 직분에 대해서 그들은 **대변자(advocate)**라는 말을 더 선호합니다. 그리고 제가 지금 관심을 갖는 것도 바로 이 대변자로서의 성령입니다.

대변자의 일은 변론하는 것이며, 그것은 탁월한 직분입니다. 만일 여러분들이 아시는 어떤 여성이 법정 변호사(또는 대변자)와 결혼하려고 한다면, 여러분들께서는 아마―대부분의 사람들과 같이 실제 가치가 아닌 직업에 따라 사람을 평가하는 습관을 가지고 있기에―그 여성은 결혼을 아주 잘하는 것이라고 생각하실 것입니다.

물론 대변자들에게는 전문적인 활동 규약이 있으며, 거기에는 두 가지 중요한 원칙이 있습니다. 신도가 저들의 영적인 필요를 말하고 저들의 죄를 고백할 때 목사와 신도 사이에 절대적인 비밀 약속이 지켜지듯이, 또한 환자의 건강을 걱정하는 의사와 환자 사이에 절대적인 비밀 약속이 지켜지듯이, 그렇게 대변자와 내담자 사이의 관계는 절대적인 신임의 관계가 형성됩니다. 어떤 법정이라도 저들 사이에서 일어나는 대화의 내용을 밝히라고 강요할 수는 없습니다. 피의자는 그의 모든 마음을 터놓고 그의 대변자에게 말할 수 있고, 대변자는 절대적인 신임 속에서 그것을 받아들일 것입니다.

그리고 대변자의 또 다른 의무는 어떠한 희생을 겪는다고 할지라도 내담자를 위해 최선을 다해야 한다는 것입니다. 그가 대리하는 사람과의 사적인 대화에서 우연히 대변자가 내담자의 무죄의 주장을 허물어뜨리는 자백이 나오고 단서가 주어지는 경우도 있을 것입니다. 실제로 그가 생각하기에 변론할 것이 많지 않다는 결론을 내릴 수도 있을 것입니다. 그럼에도 불구하고 대변자는 내담자를 위해 최선을 다하고 그의 최고 유익을 위해 일해야 합니다.

이 진리를 보혜사이신 성령께 적용해보시기 바랍니다. 왜냐하면 보혜사는 신약 성경에 나오는 성령의 높으신 이름 가운데 하나이기 때문입니다.

우리와 함께 대변하시는 성령

첫째로, 성령께서는 탄원할 때에 우리의 대변자가 되어주신다는 것에 주목하시기 바랍니다. 영국 찬송가 중에 다음과 같은 것이 있습니다.

> 그리스도는 높은 곳에 계신 우리의 대변자,
> 당신은 내면에 계신 우리의 대변자,
> 오, 진리를 대변하라, 그리고 응답하라.
> 모든 죄의 주장에 대해서.

죄의 주장이라고요? 그것은 무엇을 의미할까요?
심리학자들은 (이해하기 힘든 말투로) 그것을 '욕망의 합리화'라는 용어로 사용할 것입니다. 욕망의 합리화라는 말을 통해 나타내려고 한 것은 무엇일까요? 이제 여러분들께 이에 대해 말씀을 드리고자 합니다.

여러분들께서 주일 예배시간에 창 밖을 바라보며 그 날이 화창하고 아름다운 날임을 알았다고 합시다. 그러면 여러분들은 다음과 같이 생각하기 시작할 것입니다.
"물론 예배에 참석하는 것이 옳아. 나에게는 내 영혼과 하나님에 대한 의무가 있어. 하지만 나에게는 내 몸에 대한 의무도 있어. 나는 일주일 내내 직장에서 갑갑하게 지냈어. 나에게 실제로 필요한 것은 기분전환이야."

"그렇지. 게다가, 저 아래 해안가에는 옛 친구 빌(Bill)이 있어. 빌은 틀림없이 격려해줄 단 한 사람도 없이 혼자 의기소침하게 휴가를 보내고 있을 거야. 친구로서 빌에게 가보는 것도 확실히 내 의무가 아닌가?"

"그리고 물론 내 영혼을 완전히 소홀히 해서도 안 되지. 기차에서 혹은 자동차 안에서 좋은 교양서적을 읽을 수 있을 거야. 아마도 그것이 교회에 있는 것보다 내게 더 유익할지도 모르지 ……."

여러분들께서는 이러한 생각이 어떻게 발생하는지 이해할 수 있겠습니까? 그것은 심리학자들이 욕망의 합리화라고 부른 바의 것이며, 또한 찬송가 가사에서 '죄의 주장'이라고 말했을 때 염두에 두었던 것입니다.

그리고 다윗은 바로 그것을 알고 있었습니다.

저는 다윗이 저질렀던 큰 죄악을 과소평가하기란 쉽지 않다고 생각합니다. 다윗은 자기 휘하의 장군(우리아)의 부인(밧세바)을 사랑했습니다. 다윗은 그 여인의 아름다운 자태(姿態)를 보았습니다. 그 장군의 군대가 왕이 지시하는 전쟁에서 격렬한 전장에 배치되었을 때, 다윗은 그 여인을 유혹했습니다. 그런데 다윗은 그 결과를 두려워하여 그 여인의 남편을 죽이는 계략을 꾸미게 됩니다. 왕은 간음죄에 살인죄를 더한 것입니다. 하나님의 심정에 따라 지으심을 받은 사람인 다윗이 어떻게 죄 속에서 몸부림치지 않았겠습니까!

그렇다면 다윗이 어떻게 그 지경에 이르게 되었을까요?

그것은 바로 욕망의 합리화에 의해서, 죄의 주장에 의해서라고 저는 생각합니다.

사건이 발생한 경위는 이렇습니다. 죄 된 생각이 다윗의 마음속에서 교차했습니다. 그는 이를 참을 수가 없었습니다. 다윗은 그런 생각을 지워야 했는데 그러지 못했습니다. 기도로 이겨냈어야 했는데 오히려 상상력을 키웠던 것입니다. 다윗은 밧세바에게 그녀의 남편인 우리아가 전쟁터에서 죽음으로써 의무를 다했다고 말한 후 그 여인과 결혼했습니다. 모든 간음자가 그러하듯 다윗도 결혼함으로 인해 간음 행위가 지워졌다고 생각했습니다. 다윗은 죄의 주장의 희생자였던 것입니다.

자, 제게 말씀해보시기 바랍니다. "여러분들께서는 죄의 주장에 대해 아무것도 모르십니까?"

여러분들께서 아시는 것을 제게 말씀해주시기 바랍니다.

이것도 제게 말씀해보십시오. 악이 여러분들의 영혼의 법정에서 죄의 주장을 대변하기 시작할 때, 그 법정에 **고귀한** 것들을 위해 대변하는 다른 목소리는 없었는지에 대해서 말입니다. 거기에 나지막하지만 분명하고도 끈덕진 목소리, 여러분들이 가정과 교회와 선한 어머니로부터 배운 것과 같은 가장 선한 것을 말하는 목소리는 없었습니까? 판사 앞에서 소송을 도와주는 노련한 대변자처럼 과거로부터 모든 선한 논거(論據)를 제시하며 대변해주시는 목소리는 없었습니까? 여러분들 자신의 영혼 속에서 그것을 회상해보시기 바랍니다. 그가 누구였습니까? 저는 그가 누구였는지 여러분들께 말씀드리기를 원합니다. 그분은 바로 복되신 보혜사이십니다. 그리고 그분이 바로 성령이십니다. 그분이 진리를 대변하시고 온갖 죄의 주장에 대해 응답하시는 것입니다.

복되신 보혜사가 없었다면 저는 어디에 처해 있고, 여러분들께서는 어디에 처해 있을까요? 만일 우리가 어리석게도 죄에 손을 대고 욕망에 의해 마음의 유혹을 받아 정욕을 일으키는 이미지를 따라 갈 때에, 성령께서 한마디 말도 없이 우리의 곁을 떠나신다면 우리는 어디에 처하게 될까요?

만일 여러분들에게 정욕이라는 공격에 대항하여 방어할 최소한의 것이 있다고 한다면, 속된 마음의 침입을 막을 수 있는 그 무엇인가가 여러분의 영혼 속에 있다면, 그것은 모두 보혜사 성령의 역사로 인한 것이 분명합니다.

그리고 경청하시기 바랍니다! **그는 항상 여기에 계십니다.** 여러분들이 그를 슬프게 할 수도 있고 그의 말씀에 귀를 막을 수도 있으며 그의 말씀을 명심하지 않을 수도 있어 그 음성이 희미하게 들릴 수도 있겠지만, 저는 그가 여러분 가운데 어느 누구에게서라도 떠나셨다(**완전히** 떠나셨다!)고 믿지 않습니다.

여러분들께서는 언젠가 법정소송에 관한 다음과 같은 보도를 본 적이 있으셨을 것입니다. 어떤 변호인이 석 달마다 한 번 개정되는 셰필드 사계 법원(Sheffied Quarter Sessions)에서 가발(假髮)을 쓰지 않고 법복(法服)을 입지 않았다는 이유로 '모습을 숨긴 채' 변호를 해야만 했습니다. 영국 법정에서는 가발을 쓰고 법복을 입어야 하는 것이 관례(慣例)입니다. 한마디로 공식적으로는 변호인이 참석하지 못한 것입니다. 피고인 석(席)에는 피의자가 있습니다. 그는 법정 변호인이 자기를 위해 변론해 주기를 원했습니다. 그러나 판사는 법정 변호인을 볼 수 없다고 말했습니다. 왜냐하면 영국 법에 따라 판사는 변호사가 오직 합당하게 차려 입을 때에만 볼 수 있기 때문입니다.

가련한 피의자를 위한 자리인데, 틀림없이 유죄 판결이 내릴 찰나에 변호인은 말을 하지 못합니다. 아무도 그를 위해 변론하지 못하고 아무도 그를 위해 말할 수 없습니다.

"나의 주님, 참작할 수 있는 정상을 참작해 주십시오. '그에게는 전과(前過)가 없습니다. 그는 범죄를 저지르지 않았다'고 말할 수 있는 사람은 아무도 없습니다."

성령께서는 결코 여러분을 저버리지 않으십니다. 여러분들이 그의 곁을 떠날 수는 있지만, 그가 떠나신다면 그것은 마지못해 떠나시는 것입니다. 성령께서는 여러분들과 함께 변론하기를 원하십니다. 그는 여러분들에 대해 가장 악한 것까지도 아시며 구원하기를 바라십니다.

오늘밤 저는 여기에 참석한 여러분들 가운데 (여러분들께서 그리스도 안에서 하나님의 제안을 받아들이셨든 받아들이지 않으셨든 간에) 하나님의 자비로 양심 속에서의 대변자이신 성령의 활동을 전혀 알지 못한 분은 단 한 사람도 없음을 장담합니다. 성령께서는 여러분과 함께 대변하십니다!

우리 안에서 대변하시는 성령

성령께서는 우리와 함께 대변하실 뿐만 아니라 **우리 안에서** 대변하십니다. 아주 쉽게 말하자면, 기도는 기독교의 핵심입니다. 사람들은 간혹 제게 이렇게 말합니다. "나는 신학자도 아니고 철학자도 아닙니다. 목사님, 제게 알아듣기 쉽게 말해 주세요. 대체 기독교의 실제 핵심은 무엇입니까? 목사님께서는 '은혜와 능력'이라고 일컬어지는 것에 어떻게 익숙해질 수 있습니까?"

기도가 기독교의 핵심입니다.

저는 우리 성도들이 기도에 대해 많은 혼란을 겪고 있음을 잘 알고 있습니다. 또한 저는 대부분이 단지 노력으로 얻을 수 있는 것만을 구한다는 것도 잘 알고 있습니다. 때로는 그러한 것들을 위한 노력이 오직 기도에 의해서만 얻어질 수 있다는 것도 알고 있습니다.

예전에 어떤 자매님께서 교회를 떠나면서 "다시는 돌아오고 싶지 않다"고 말한 적이 있습니다. 제가 그녀에게 어찌된 영문인지를 묻자, 그녀는 자신의 딸이 장학금을 받기 위한 시험을 준비하는데, 어머니 된 도리로서 시험의 합격을 위해 열심히 기도했다는 것입니다. 그럼에도 불구하고 딸은 장학금을 받기는커녕 꼴찌를 했다는 것입니다! 그러자 그녀는 기도의 능력을 불신하게 되었고, 결국에는 더 이상 교회에 나오지 않게 되었습니다.

이 얼마나 엄청난 어리석음입니까! 제가 그녀에게 기도에 관해 많은 것을 가르쳐 주었건만 안타까운 결과만이 나타났습니다. 제 잘못이 실로 큽니다.

저는 그녀의 작은 딸을 잘 알고 있습니다. 그 학생은 실지로 장학금을 받을만한 실력을 갖고 있지 않았습니다. 이에 합당한 능력을 가지고 있지 못했던 것입니다.

그렇지만 그 딸은 아름다운 소녀였습니다. 그리고 지금은 어른으로 성장했을 것입니다. 아마도 어느 훌륭한 가정에서 '여왕'이 되어 있을 것이며, 그때의 그 장학금은 인생을 위한 장학금은 아니었을 것입니다.

하지만 그 장학금 때문에 믿음을 잃어버린 그 어머니를 생각해보시기 바랍니다.

극도의 곤경에 처했을 때에만 기도하는 사람들이 있습니다. 저들은 기도를 긴급한 위기상황에 처해 있을 때에 찾는 강력한 특효약(特效藥)쯤으로 생각하는 것 같습니다. 그렇기에 가벼운 질병으로 인해 목사를 부르러 교회로 발걸음을 돌리는 경우는 거의 없습니다.

병에 걸린 한 신자를 방문한 목사가 떠나려 할 때 그는 주저하며 짧막하게 다음과 같이 말합니다. "가기 전에 잠시 기도를 드려도 될까요?"

핏기 없이 병상(病床)에 누워있는 환자는 얼굴빛이 더욱 창백해지며 이렇게 말합니다.

"아! 아닙니다. 괜찮습니다. 전 기도 받을 만큼 그렇게 아프지는 않아요."

여러분들께서는 자신이 무엇인가를 원할 때에만 갑자기 돌변하는 사람에 대해서 어떻게 생각하십니까? 그런데 불행히도 그것이 바로 하나님을 대하는 대부분의 우리의 태도입니다. 우리는 무엇인가를 절실히 원할 때가 아니고서는 좀처럼 기도하지 않고 하나님을 무시하기 일쑤입니다.

이것은 바로 기도에 관한 우리들의 생각이 뒤죽박죽이라는 것을 증명하는 것입니다. 그러나 경청해보시기 바랍니다! 기도에 관한 우리의 생각이 분명해지더라도, 우리는 여전히 나태해지는 지를 말입니다! 이처럼, 신앙생활의 핵심인 기도가 우리에게 있어 형편없는 숙련공(熟練工)과 같이 된다고 하더라도 하나님께서는 우리를 여전히 용서해주십니다.

여러분들께서는 기도에 도움이 되는 책을 사기 위해 6펜스짜리 은화(銀貨)를 써본 적이 있으십니까? 여러분들께서는 밤새도록-소설책을 다 읽기 위해서가 아니라-기도하기 위해 깨어있었던 적이 있으셨습니까? 여러분들께서는 새벽같은 이른 시간에-산책이나 등산을 가기 위해서가 아니라-기도하기 위해 일어나 본 적이 있으십니까?

여기에 우리의 딜레마가 있다고 생각합니다. 그것은 우리 그리스도인의 딜레마입니다. 그리스도 안에서 우리 신앙의 성장은 기도에 달려 있습니다. 하지만 우리는 기도할 수 없습니다. 실제로 그런 것은 결코 아닙니다! 기도에 대한 동경(憧憬)이 우리 안에 없는 것뿐입니다. 우리는 그저 억지로 무릎을 꿇습니다. 이 얼마나 비참한 모습입니까! 우리에게 가장 절실한 것에 대해서도 우리는 이처럼 별로 갈망하지 않습니다.

이러한 막다른 골목에서 우리는 어떻게 벗어날 수 있을까요?

하나님께로 가시기 바랍니다! 하나님께 여러분이 처해 있는 딜레마를 아뢰시기를 바랍니다. 하나님께 정직하게 고백하시기를 간구합니다. 기도 없이는 신령한 것들 속에서 성장할 수 없음을 하나님께 아뢰시기 바랍니다. 실제로 기도할 마음이 없었다고 하나님께 솔직하게 말씀드리세요.

그리고 경청하시기 바랍니다. 저는 하나님께서 행하고자 하시는 것을 여러분들께 말씀드리고 싶습니다. 영국의 왕이 가련한 사람들을 위해서 무엇인가를 하고자 하는 바와 같이, 하나님께서도 곤경에 처해 있는 여러분들을 위해서 행하고자 원하십니다. 하나님께서 몸소 여러분들을 위해 변호해주실 것입니다. 하나님께서는 그렇게 하십니다!

영국의 법은 어떤 사람이라도 자신의 주장을 호소하는 전문적인 변호사 없이 법정에 세워두는 것을 허용하지 않습니다. 만일 피고인이 변호사를 내세울 능력이 없다면, 국왕(國王)이 임명하는 관선 변호사가 그 책임을 떠맡게 됩니다.

하늘의 왕께서는 이보다 더한 것을 여러분들을 위하여 행하실 것입니다. 그가 여러분들에게 왕이나 여왕의 변호사가 아니라 왕 중의 왕의 변호사인 보혜사, 대변자, 복되신 성령을 보내주실 것입니다. 그리고 그가 여러분들 안에서 여러분들을 위해 대변해주실 것입니다. 그가 여러분들 안에서 기도의 열정과 불꽃을 일으켜주실 것입니다. "우리가 마땅히 빌바를 알지 못하나 오직 성령이 말할 수 없는 탄식으로 우리를 위하여 친히 **간구하시느니라.**"(롬3:26)(영어성경 개역[RV]에는 "도우시느니라"고 되어 있다) 때가 되면 성령께서는 여러분들에게 기도의 은사를 불어넣어주실 것입니다. 그때에 여러분들께서는 쉬지 않고 기도하게 된다는 것을 알게 될 것입니다.

저는 날마다 이런 일이 발생할 것이라고 말씀드리지는 않습니다. 여전히 여러분들께서 스스로 기도를 불러일으켜야 할 때가 있습니다. 그러나 저는 여러분들께서 기도에 대한 갈망을 날마다 점점 더 많이 간직하길 원합니다. 그리고 여러분들께서 기도의 능력이 있다고 느끼는 날에, 바쁘다는 이유로 기도의 시간을 포기했다면, 그날은 분명 잘못 보낸 날이라고 생각하게 되기를 바랍니다.

바로 이것이 대변자이신 성령의 두 번째 위대한 과업이십니다. 성령께서는 우리 안에서, 우리를 대변해 주십니다.

우리를 통해서 대변하시는 성령

성령께서는 우리와 **함께**, 우리 **안에서** 그리고 우리를 **통해서** 대변해 주십니다. 성령께서는 우리를 통해서 인류 세계에 대변해 주십니다.

대변자의 임무 가운데 하나가 세상으로 하여금 죄를 깨닫게 하는 것이라고 신약성경에는 기록되어 있습니다. 거기에서 필요한 것은 죄를 깨닫는 것입니다!

이 시대의 비극 가운데 하나는 죄책감이 옅어진 것입니다. 사람들은 끔찍한 일을 저지르고서도 이를 하찮게 생각합니다. 저들은 혼인 서약(誓約)에 대해 소름이 끼칠 정도로 신실하지 못한 죄를 짓고 있습니다. 그러면서도 저들은 자신들에게 문제가 있는 것이 아니라, 상대방에게 있다고 주장합니다. 거짓말하고 미워하며 중상모략하는 것이 더 이상 악하지 않은 것이 되어버렸습니다. 이는 단지 발각되었을 때에만 악한 것이 됩니다.

그러나 오! 성령께서 우리를 통해서 대변해주실 것이며, 세상으로 하여금 죄를 깨닫게 해주실 것입니다.

전쟁의 미련한 것을 생각해 보시기 바랍니다! 우리는 지금 전쟁에서 벗어나 있습니까? 전쟁이 다시는 발발하지 않고 있습니까? 여러분들께서는 그렇다고 확신하십니까?

아마도 그렇게 **확신하지는 못하실 것입니다**! 세상은 아직도 전쟁의 죄상(罪狀)과 전쟁의 광기(狂氣)를 깨닫지 못하고 있습니다.

또한 널리 퍼진 교만의 죄에 대해 생각해보시기 바랍니다. 실제로는 하나님의 은사(恩賜)임에도 불구하고 이를 자신의 것인 양 얼마나 자랑하고 있습니까! 지적인 속물(俗物) 근성에 대해서 생각해보시기 바랍니다! 아니면 마치 자신들의 부모를 스스로 택한 것인 양 출신 성분에 대해 자랑합니다! 우리는 어리석은 교만의 형태가 어떠한 것인지를 날마다 증언하고 있는 것입니다! 그러나 여러분들께서는 이러한 어리석은 교만의 형태에 대해 납득하십니까?

저는 잘 모르겠습니다. 이러한 모습 자체가 우리를 건방진 사람들로 만들게 될 것입니다. 저는 오직 성령께서만이 그것을 하실 수 있다고 생각합니다. 오! 성령께서 우리를 통해서 대변하시고 세상으로 하여금 죄를 깨닫게 하실 것입니다.

성령께 죄를 깨닫게 해주시도록 간구합시다. 성령께서는 우선 확고한 사랑으로 우리 자신의 영혼 안에 여전히 살아있는 죄를 지적해주실 것입니다. 그 다음에 우리를 통해서 – 우리의 말보다는 우리의 삶에 의해서 – 우리가 만나고 있는 죄를 스스로 깨닫게 하심으로써 변호해주실 것입니다.

저는 설교하는 사람입니다. 사람들에게 죄를 깨닫게 하는 설교를 하지 못했다면, 제 설교는 완전히 실패한 것이라고 생각합니다. 저는 여기에 매주 옵니다. 하지만 저는 주님을 위한 소송에서 말을 더듬으며 변론하는 가련한 대변자(代辯者)처럼 여겨질 뿐입니다. 하지만 저는 사람들에게 어떻게 죄를 깨닫게 해야 하는지 모르겠습니다. 제 말로서는 충분하지가 않습니다. 저에게는 준비된 말보다 더 소중한 어떤 것이 필요합니다. 제게 필요한 것은 성령의 능력입니다.

이는 설교자에게만 필요한 것이 아닙니다. 여러분들에게도 동일하게 필요합니다.

아마도 여러분들께서는 죄에 깊이 빠져 있으면서도 그것을 깨닫지 못하는 사람들과 함께 일하며 함께 살아가고 있을지도 모르겠습니다. 아마도 여러분들께서는 만족감에 가득 찬 채 어깨를 으쓱거리며 **"나에게 무슨 문제가 있지?"**라고 말할지도 모릅니다.

여러분들께서는 저들에게 어떻게 죄를 깨닫게 할 수 있습니까?

여러분들께서는 결코 그렇게 할 수 없습니다! 혼자서는 할 수 없습니다. 여러분들을 통하여 대변해주시는 성령이 필요합니다.

"구세주여! 오늘은 성령강림절입니다. 우리의 모든 궁핍한 심령에 하나님의 보혜사를 부어주시어 성령으로 하여금 우리와 **함께**, 우리 **안에서** 그리고 우리를 **통하여** 대변하시게 하소서. 주의 이름으로 비옵나이다. 아멘."

제자의 직분을 감당케 하시는 성령

찰스 해든 스펄전(Charles Haddon Spurgeon, 1834~1892)은 우리에게는 이미 상당히 친숙할 정도로 유명한 목사이다. 1850년에 회심한 그는 침례교회에 소속되어 여러 곳에서 말씀을 전하였다. 1851년 영국 워터비치 침례교회의 목사가 되었으며, 3년 후에는 쇠퇴해가던 런던 파크 스트리트 교회(Park Street Church, London)로 청빙을 받아, 단시간 내에 이곳의 부흥을 이끌어 1861년에는 새로운 성전을 봉헌할 수 있게 되었다. 그는 목회활동 외에도 신학교 한곳과 여러 고아원을 세우기도 했다. 그는 당대 런던에서 가장 인기 있는 설교자가 되었으며, 1855년부터는 매주 설교집을 발행하기 시작했다. 이 설교집들은 총 57권으로『메트로폴리탄 성전 강단 *The Metropolitan Tabernacle Pulpit*』이란 이름으로 편집되었다.

이 설교는『메트로폴리탄 성전 강단』53권에 포함되어 있다.

3

찰스 해든 스펄전(Charles Haddon Spurgeon)

제자의 직분을 감당케 하시는 성령

"그가 내 영광을 나타내리니 내 것을 가지고 너희에게 알리겠음이니라."(요한복음 16:14)

이 시대의 많은 성도들께서 근심에 가득 찬 채로 "우리가 성령과 함께 하는 사람들인가?"라는 질문을 제기하고 있는 것 같습니다. 그리고 이렇게 근심하는 가운데 다음과 같은 고백도 하십니다. "우리는 특별한 내면적인 감정을 느껴왔습니다. 우리 안에서 삶의 변화가 있었다고 믿었습니다. 하나님을 향한 갈망과 그의 은혜를 향한 갈망은 간절합니다. 하지만 이것이 과연 하나님의 영의 결과일까요? 우리의 영혼 속에서 신성한 어떤 조짐을 발견한다면, 그것은 성령으로부터 오는 것인가요? 우리가 항상 진심과 기도로 충만해 있고 우리의 영혼이 하나님을 생각하면서 특별한 기쁨을 갖게 된다면, 우리는 성령의 역사 아래 있다고 말할 수 있는 것일까요?" 저는 이러한 의혹을 철저하게 다루고 싶은 생각은 없습니다. 그것은 하루 저녁 설교로 끝나기에는 너무나 광범위한 주제이기 때문입니다. 하지만 주의 깊게 살펴본다면 거기에 여러분의 난처함을 덜어주는 한 가지 요점이 있습니다. 성경본문을 보면 그리스도를 영화롭게 하는 것이 성령의 활동이고 역사이며 관습이라고 기록되어있습니다. 그러므로 여러분들께서 영혼 속에서 마음과 뜻과 정성을 다하여 그리스도를 영화롭게 하려 한다면, 그것은 하나님의 영으로부터 온 것임에 틀림이 없을 것입니다. 그러나 여러분 안에 주 예수의 인품, 인격 혹은 영광을 훼손시키는 그 어떤 것이 있다면, 그것은 사탄에게서 온 것이거나 여러분 자신의 타락한 마음에서 온 것입니다. 그것은 결단코 하나님의 영으로부터 온 것이 아닙니다. 게다가 그것을 오히려 하나님의 영으로 돌리는 것은 신성모독의 죄를 저지르는 것입니다. 여러분들의 영혼 속에서 그리스도를 높이는 느낌을 갖는 것은 무엇이든지 성령으로부터 온 것입니다. 그렇지만 자기 자신을 드높이고 그리스도 대신에 그 밖의 다른 어떤 것을 내세우는 것이 있다면, 그것이 어디로부터 왔든지 간에 결단코 성령으로부터 온 것은 아님을 확신하시기 바랍니다.

이처럼 성령께서는 그의 백성들 속에서 그리스도를 영화롭게 하십니다. 그렇다면 과연 성령께서는 어떻게 그것을 행하실까요? 어떻게 성령이 내 안에서 역사하고 있다고 판단할 수 있을까요?

성령께서는 우리를 겸손하게 하십니다.

성령께서 그리스도를 영화롭게 하시는 한 가지 방법은 이것입니다. 성령께서는 우리에게 우리 자신을 더욱더 낮추라고 명령하십니다. 두 종류의 신(神)이 있는데, 한 분은 참되신 하나님이고 다른 것은 거짓된 신입니다. 우리 마음속에서는 흔히 제일 먼저 자아(自我)가 보좌에 오르게 마련입니다. 자아의 보좌가 높으면 높을수록 그리스도는 더욱 낮아지게 됩니다. 자아의 분량이 많으면 많을수록 구세주의 분량이 적어지게 되는 것입니다. 자아, 자기 힘, 자만심에 대한 관점이 높을수록 확실히 그리스도에 대한 관점은 낮을 수밖에 없습니다. 그렇지만 자아가 내려가면 그 즉시 그리스도는 올라가게 됩니다. 자아에 대해서는 세례 요한이 그리스도와 자기 자신에 대해 말한 바와 같이 말할 수 있을 것입니다. 세례 요한은 "그는 흥하여야 하겠고 나는 쇠하여야 하리라"(요 3:30)고 고백했습니다. 여러분들께서 자신의 타락을 가벼이 생각하신다면, 이와 마찬가지로 그리스도에 대해서도 가볍게 생각하시는 것입니다. 여러분들께서 죄를 즐거운 것이라고 생각한다면 혹은 죄 아래서 신음해 본 적이 없다면, 겟세마네와 골고다와 갈보리는 여러분들에게 어떠한 무게나 의미도 주어지지 않는 그저 하나의 단순한 명칭에 불과하게 될 것입니다. 여러분들께서 그리스도의 탄식과 슬픔과 피땀에 대해 거의 생각하지 않는다는 것에 대해 저는 사실 그다지 놀라워하지는 않습니다. 그러나 여러분들께서 진실로 잃어버린 자가 되고 파멸된 자가 되었다는 것을 알게 될 때, 그때야 여러분들은 구원자를 높이 평가하게 될 것입니다. **잃어버린 자**라는 무서운 말이 여러분들의 귀에 장송곡처럼 들릴 때, 인자(人子)가 잃은 자를 찾아 구원하러 오셨다는 복된 소식은 천사들의 성탄의 찬송처럼 감미롭게 들리게 될 것입니다. 천사들은 "지극히 높은 곳에서는 하나님께 영광이요 땅에서는 기뻐하심을 입은 사람들 중에 평화로다"(눅 2:14)라고 찬송했습니다. 여러분들께서 질병에 걸렸다면, 그때야 의사를 높이 평가하게 될 것입니다. 자신의 공허함을 알았다면, 그리스도의 충만함을 높이 평가하게 될 것입니다. 그러나 이처럼 완전한 절망과 무가치함을 보여주는 성령의 가르침을 거부한다면, 그렇게 함으로써 여러분들은 그리스도를 거부하는 것이며 홀로 죄인을 구원하러 오신 구세주로부터 멀어지게 될 것입니다. 그렇기 때문에 우리 자신에 대한 평가를 더욱더 낮추는 것이 가장 고귀한 일이 되는 것입니다. 영적인 생활을 시작하게 될 때, 우리는 우리 자신이 아무것도 아닌 존재임을 믿게 됩니다. 우리가 한걸음 더 나아간다면, 우리는 우리 자신이 아무것도 아닌 것보다도 못한 존재라는 것을 깨닫게 됩니다. 성령께서 여러분 안에서 그렇게 역사하시기를 바랍니다! 여러분 가운데 아마 어떤 분들은 낙담하며 자신이 하나님의 자녀가 아니거나 현재처럼 그렇게 내던져진 적은 없을 것이라고 생각할지도 모릅니다. 저는 여러분들께서 이 문제를 올바르게 이해하기를 바랍니다. 낙담할 이유를 찾는 대신, 여러분들은 기쁨을 위한 주제를 발견하게 될 것입니다. 저는 여러분 자신에 대한 평가에서 자신을 낮출 때에, 바로 그때 성령께서 그리스도를 영화롭게 하신다는 것을 확신합니다.

성령께서는 그리스도를 영화롭게 하십니다.

드릴 말씀이 한 가지 더 있습니다. 성령께서 사람의 마음속에서 활동하실 때 성령께서는 모든 점에서 그리스도를 영화롭게 하십니다.

성령께서는 **그리스도의 인격을 영화롭게 하십니다.** 성령께서는 어떤 이에게도 성부 하나님의 독생자를 두 번째 하나님으로 간주하도록 가르치지 않습니다. 왜냐하면 성령께서는 우리에게 참된 지혜를 가르쳐 주시기 때문입니다. "또 맏아들을 이끌어 세상에 다시 오게 하실 때에 하나님의 모든 천사가 저에게 경배할지어다."(히 1:6) "태초에 말씀이 계시니라 이 말씀이 하나님과 함께 계셨으니 이 말씀은 곧 하나님이시니라."(요 1:1) 성령께서는 그리스도에 관하여 그가 영원히 모든 것을 다스리는 복되신 하나님이시다는 것을 우리에게 가르쳐주십니다. 어떤 사람들은 그의 인성에 대해 부정적인 관점을 가져온 것 같습니다. 예나 지금이나 우리는 주 예수 그리스도에게도 죄를 범하지 않을 수 없는 인성이 있다는 암시(暗示)를 받아왔지만, 이것은 결단코 하나님의 영으로부터 나온 것은 아닙니다. 성령께서 그리스도인의 영혼 속에 빛을 비추어 주실 때 그리스도의 신성(神性)이나 인성(人性)은 모두 찬양을 받게 됩니다.

예수는 영광과 하나님의 권능을
받으시기에 족하다.

우리는 갈보리 언덕에서 십자가에 달리신 바로 그분께 경배를 드립니다. 그리스도께서는 모든 정사와 권세보다 월등하게 뛰어난 분이십니다. 그리스도의 인격을 영화롭게 하는 모든 가르침은 성령에 속한 것이지만, 그리스도를 모욕하는 것은 본질상 사악한 근원과 혼합되어 있습니다.

성령께서는 또한 그리스도의 업적을 영화롭게 하십니다. 그리스도께서는 우리들을 구원하기 위하여 세상에 오셨고, 우리들을 구원하셨습니다. 그분께서는 우리들이 가까스로 건널 수 있는 다리를 만드신 것이 아니라 직접 우리들을 데리고 다리를 건너셨습니다. 즉 우리들의 노력으로 하늘에 올라갈 수 있는 그러한 구속의 업적을 성취하신 것이 아닙니다. 그리스도께서는 그를 믿는 모든 백성을 위하여 몸소 하늘 자리에 들어가시고 하나님의 보좌에 당당하게 앉으셨습니다. 그리스도와 관련되어 택함을 받은 자들은 이미 구원이 이루어졌습니다. 그리스도께서는 저들의 모든 죄의 짐을 져주시며, 그 죄를 위하여 이미 형벌을 받으셨습니다. 그들은 그때에 이미 의롭다함을 입었습니다. 그리스도께서는 십자가의 고난을 초래한 형벌과 불의를 모두 떨쳐버리시고 부활하셨고, 영광 속으로 들어가셨습니다. 저들은 그때에 이미 놀라운 기업을 상속받는 자가 된 것입니다. 그리스도의 업적을 인간의 뜻으로 평가하여 낮추려는, 즉 이 땅위에 십자가를 세우고 "그 피가 뿌려졌지만 쓸데없이 뿌려진 것이며, 너희를 위해 쓸데없이 뿌려진 것이다"라고 말하는 가르침이 하나님의 영으로부터 나온 것이 아니라는 것을 감지하시기 바랍니다. 하나님의 영으로부터 나온 가르침은 십자가를 가리키며 "그가 자기 영혼의 수고한 것을 보고 만족히 여길 것이라"(사 53:11)고 말하는 것입니다. 그 가르침은 대속(代贖)을 참된 대속으로 만들고, 대속을 받고 그리스도를 찬양하는 모든 영혼을 위해 변호하시는 하나님의 정의를 간직합니다. 그러므로 그것은 하나님의 영으로부터 나오는 가르침입니다. 여러분들의 마음이 여러분 자신의 지식과 기도와 행함과 믿음과 같은 모든 업적을 제쳐두고 그리스도께서 행하신 것에만 의지할 때, 그때에 예수 그리스도께서 여러분의 마음속에서 찬양을 받으십니다. 그때에 그리스도의 인격과 업적이 찬양을 받으십니다.

성령께서는 또한 그리스도의 모든 직분을 찬양하십니다. 어떤 사람을 제사장이라 부르고, 그 제사장에게 가서 은혜를 받거나 그 앞에 무릎을 꿇어 죄를 사함 받는 제도가 있습니다. 그러한 종교 제도는 어떤 한 사람을 다른 사람보다 높이 세우는 종교이며, 하나님의 자녀 모두에게 속하는 공동적이며 보편적인 제사장 직분을 부정하는 종교입니다. 즉 그러한 가르침은 인간 제사장을 그리스도의 자리에 올려놓음으로써 그리스도를 낮추는 결과를 낳게 되는 것입니다. 그러나 성령께서는 그리스도가 그의 교회의 위대한 대제사장이라는 것을 증언합니다. 우리가 다른 제사장이 아닌 그리스도의 손으로 말미암아 축복을 받는 것입니다. 우리는 그의 피로 말미암아 죄 씻김을 받았고, 오직 그로부터 오는 은혜만을 바라볼 수 있습니다.

그리스도께서는 또한 제사장 직분과 마찬가지로 예언자 직분에서도 성령에 의해 찬양을 받으십니다. 제가 어떤 사람을 스승이라고 불러야합니까? 진정한 스승이신 그리스도 대신에 웨슬리(Wesley)나 칼빈(Calvin)이나 그 밖의 다른 어떤 사람이 제시하는 가르침이 절대오류(誤謬)가 없는 그리스도의 계시인 것처럼 말하는 것은 하나님의 영에 속한 것이 결코 아닙니다. 이에 비해 "너희 선생은 하나요 너희는 다 형제니라"(마 23:8)고 말하는 가르침, 성도들의 거룩한 평등에 대해 말해주는 가르침이 있습니다. 여러분들은 그러한 가르침을 하나님과 성령으로부터 온 가르침으로 받아들일 수 있을 것입니다. 권위를 가지고 말할 수 있는 참되시고 유일하신 스승은 바로 하나님의 아들, 예수 그리스도이시기 때문입니다.

그리스도께서는 삼중(三重)의 직분을 가지고 계십니다. 그리스도는 예언자이시고, 제사장이시며 또한 왕이십니다. 그리스도에게서 이러한 보좌를 찬탈(簒奪)하여 그 자리에 다른 사람을 앉히는 것은 하나님의 영을 따르는 것이 아닙니다. 교회에서 그리스도의 머리 되심은 언제나 유효한, 그리하여 여전히 가르쳐야 할 필요가 있는 교리일 것입니다. 저는 그리스도를 위해 수천 명의 사람들이 피를 흘렸던 것을 기리는 기념물을 본 적이 있습니다. 영국 왕 찰스 2세(Charles II)나 제임스(James) 등의 사람이 교회의 머리가 된다는 주장을 거부하고 그리스도가 교회의 머리 되심을 수호하기 위해 구트리(Guthrie)를 비롯한 여러 사람들이 피를 흘렸던 곳에 서있을 수 있다는 것이 저에게 한없는 부끄러움을 주었습니다. 하나님의 참된 교회에 속한 참된 마음을 가진 성도들이 어떻게 특정인이 교회의 머리가 된다는 주장을 참아낼 수 있겠습니까? 아닙니다. 비겁한 자와 겁쟁이 이외에 어느 누구도 그리스도의 교회에 대한 왕이나 여왕의 지배권을 인정하거나, 주 예수의 신성한 권한을 빼앗아 가는 것을 허용하지 않을 것입니다. 왕 중의 왕께서 그의 보좌에 앉으실 때 그리스도께서는 이 같은 배반자들을 처벌하실 것입니다. 그리스도인들이여! 여러분들을 용서해주시는 그리스도를 여러분의 제사장으로 모시기를 바랍니다. 여러분들에게 진리와 생명이 되시는 그리스도를 여러분들의 유일한 지도자, 예언자로 모시기를 바랍니다. 그리스도를 왕으로 모시고 그 앞에 무릎을 꿇어 경배하시기를 바랍니다. 그리스도를 모든 직분에서 찬양하시기를 바랍니다. 왜냐하면 성령께서 그렇게 가르치시기 때문입니다.

그리스도는 또한 그의 말씀 속에서 성령에 의해서 찬양을 받으십니다. 성경 없이도 별 무리 없이 잘 지낼 수 있다고 말하는 사람들이 있습니다. 그러나 그것은 하나님의 영으로 말미암은 삶이 아닙니다. 성령께서 하나님의 말씀을 영화롭게 한다는 것은 성령의 역사에 대한 절대 확실한 시금석(試金石)입니다. 참된 자라면 자신의 마음을 기록한 후에 이를 나중에 모순된다고 말할 사람은 없다고 생각합니다. 살아계신 하나님의 기록에 모순되는 영이 어떻게 참될 수 있겠습니까? 여러분들께서 계시에 대해 가지고 있었던 것을 무엇이든지 성경에 시험해보시기를 바랍니다. 그것이 성경에 부합되지 않는다면 내던져 버리십시오. 저는 모든 사람이 이 규칙을 배우기를 바랍니다. 예나 지금이나 우리는 성령께서 자신들에게 나타났다고 생각하는 사람들의 글을 읽거나 종종 만나게 됩니다. 그러나 저들의 글이나 말이 성경에 기록된 내용과는 전혀 다른 경우가 많습니다. 성경에 기록되어 있는 것보다 더 많은 계시를 받았다고 말하는 사람은 누구든지 「요한계시록」 마지막 장에 나오는 재앙(災殃)을 받게 될 것입니다. 그는 주 예수 그리스도의 말씀에 다른 것을 더하지 않도록 조심해야 합니다. "만일 누구든지 이것들 외에 더하면 하나님이 이 책에 기록된 재앙들을 그에게 더하실 터이요."(계 22:18) 성경책을 덮으려한다면 우리는 성경에 대해서 "다 이루어졌다"라고 말해야 합니다. 성령으로부터 나오지 않은 성경구절이나 계시는 그 어디에도 없습니다. 그리스도가 오실 때까지 여기에 어떤 것이 더해지지 않는 한 이 성경책은 봉인될 것입니다. 하나님의 말씀을 영화롭게 하지 않는 것은 하나님의 영이 아닙니다.

하나님의 영이 그리스도에 대해 찬양하지 않는 법은 결코 없습니다. 그리스도께서 가지고 계시는 직분과 관계를 생각해 보십시오. 그렇다면 성령께서 그리스도에 관계된 모든 것을 찬양한다는 것, 신자의 영혼 속에서 즐거워할 수 있는 것들을 제시한다는 것을 발견하게 될 것입니다.

이제, 저는 한 걸음 더 나아가려고 합니다. 성령의 역사는 그리스도를 영화롭게 하십니다. **성령께서는 여러분들을 그리스도로 충만하게 함으로써 역사하실 것입니다.** 여러분들이 성령의 역사에 복종하고 있다면 여러분들은 여러분 내면에서 그리스도의 영을 더 많이 받아야 할 것입니다. 여러분들이 매일 그리고 매주 그리스도의 인격에 대해 생각하지 않은 채 살아갈 수 있다고 한다면, 여러분들은 스스로 자신을 위선자로 깎아 내리는 것이며 결국 여러분들은 진정한 그리스도인이라고 말할 수 없습니다. 복된 사람의 징표는 그가 하나님의 말씀에 따라 산다는 것입니다. "복 있는 사람은 …… 오직 여호와의 율법을 즐거워하여 그 율법을 주야로 묵상하는 자로다."(시 1:1-2) 우리는 그리스도의 말씀을 먹고삽니다. 우리의 육신이 음식 없이 살 수 없듯이, 우리의 영혼도 예수 그리스도 없이는 결코 살 수 없습니다. 하나님의 영은 여러분의 심령에 그리스도를 충만하게 하실 것입니다. 그러므로 여러분들이 영을 많이 받으면 받을수록 구세주에 대한 사랑이 더욱 강렬해질 것입니다. 성령께서는 마침내 여러분들에게 다음과 같이 말하게 할 것입니다.

> 예수님, 당신 생각에 내 가슴이
> 감미로움으로 가득 채워집니다.

하나님의 영이 여러분과 함께 하신다면 여러분들은 실제로 그러한 감정을 갖게 될 것입니다. 이처럼 여러분들의 마음속에서 발산되는 그리스도에 대한 사랑의 기쁨은 그 어떤 기쁨과도 견줄 수 없을 것입니다. 이와 같이 성령께서 여러분들의 생각과 심령에 충만하게 된다면 성령께서 여러분들의 혀를 확실히 사로잡게 될 것입니다. 구세주를 사랑하는 사람들은 구세주에 대해 말해야 합니다. 친구를 만날 때마다 저들은 구세주의 사랑의 비밀을 말할 것이며, 어느 누구에게든지 구세주의 종(從)이라는 고백을 부끄러워하지 않을 것입니다. 성령께서는 혀를 사로잡음으로써 구세주를 위해 쉬지않고 기도하게 해주십니다. "당신의 나라가 임하게 하옵소서. 예수여 찬양을 받으소서. 오, 온 세상을 다스리시기 위해 구원의 병거(兵車)를 타고 오시는 주님! 언제 오시나이까? 주 예수님! 속히 오소서! 속히 오소서!" 여러분들의 혀는 그리스도에 관한 찬송으로 가득 채워지게 될 것입니다. 「시편」 찬송의 부흥(復興)이, 곧 종교 부흥의 징표입니다. 루터(Luther)의 설교가 사람들에게 전해지기 시작했을 때, 쟁기자루를 잡고 루터의 시편을 노래하는 농부의 찬송을 들을 수 있었습니다. 찰스 웨슬리(Charles Wesley)의 찬송시가 없었더라면, 탑래디(Toplady)와 스코트(Scott)와 뉴턴(Newton), 그 외의 찬송자들이 없었더라면, 감리교의 창시자인 화이트필드(Whilefield)와 웨슬리는 크게 성공하지 못했을 것입니다.

지금도 여러 교파들에서 어느 정도 부흥이 일어나고 있다는 징표가 보입니다. 거기에는 이전보다 더 많은 찬송가가 있고, 「시편」 찬송이 이전보다 더 많은 관심을 받고 있습니다. 여러분들의 마음이 그리스도로 충만해 있다면 찬송하기를 원하게 될 것입니다. 찬송을 부를 수 있는 자리에서 노력과 정성을 다해 찬송한다는 것은 복된 일입니다. 세상이 찬송하는 여러분들을 조롱할 수도 있습니다. 그렇다면 이렇게 말하십시오. 당신들이 당신들의 마음에 드는 노래를 부르는 것과 같이, 나도 내 마음을 기쁘게 하는 찬송을 부를 선한 권리를 가지고 있다고 말입니다. 그리스도인들이여! 그의 이름을 찬양하십시오! 벙어리가 되지 마십시오! 어린양이신 예수께 크게 찬송하시기 바랍니다!

  왕관을 드리자, 왕관을 드리자
  만군의 여호와이신 그에게 왕관을 드리자.

  확실히 하나님의 영은 이와 같이 우리의 혀를 통해 그리스도를 영화롭게 하십니다. 그 찬양은 거기에 그치지 않을 것이며, 일상의 삶을 통해 나타나게 하실 것입니다. **성령께서는 여러분들의 행동을 도우심으로써 그리스도를 영화롭게 하실 것입니다.** 오늘 아침 특별 예배에 나온 성도들에게 이미 말씀드렸듯이, 저는 그것이 모든 이들에게 필요한 것임을 말씀드리고 싶습니다. 왜냐하면 여러분들이 선한 주부(主婦)처럼 그리스도를 섬겨야 하고, 상인(商人)이나 상점주인처럼 그를 섬겨야 하며, 간단히 말하자면 모든 삶의 상황에서 그리스도를 섬겨야 하기 때문입니다. 우리의 종교는 장터를 위한 종교, 상점을 위한 종교, 거리를 위한 종교, 밭을 위한 종교가 되어야 합니다. 그리고 하나님께서는 사람의 손으로 지은 성전에 국한되지 않고 도처에서, 즉 황야나 도시나 습지나 밭에 상관없이 어느 곳에서나 나타나십니다. 하나님께서는 임금의 궁전은 물론이거니와 농부의 오두막을 비추는 햇빛 속에서도 나타나시며, 장엄한 곳에는 물론이거니와 하찮은 곳에서도 나타나십니다. 하나님께서는 저 아래 붉은 사슴이 뛰어놀며 어린이가 놀기 좋아하는 숲 속의 빈터에도 계시며, 저 위 고색창연한 산언저리로 불어오는 광풍 속에서도 계십니다. 하나님께서는 크게 자란 삼나무와 소나무에서 보이시는 것과 같이 풀잎에서도 보이십니다. 하나님께서는 우박 속에서 나타나시는 것과 같이 이슬방울에서도 나타나십니다. 하나님께서는 엄청난 천둥소리에서 나타나시는 것과 같이 나뭇잎 떨어지는 미세한 소리에도 확실히 나타나십니다. 하나님께서는 모든 곳에서 어디서나 나타나십니다. 어디에나 있는 종교가 참된 종교입니다. 성전에는 물론이거니와 오두막에 있는 종교, 예배 때에는 물론이거니와 사업상 분주할 때에도 있는 종교, 조용한 숲속에는 물론이거니와 폭넓은 거리에서도 있는 종교, 저 위 하나님과 씨름하는 곳에 있는 종교와 저 아래 하나님의 진리를 위해 사람들과 격론을 벌이는 곳에 있는 종교가 참된 종교입니다. 여러분들의 입술에서는 물론이거니와 여러분들의 삶에서 그리스도를 찬양하지 않는다면, 우리는 그리스도께서 영화로우신 분이라는 것을 알 수 있는 성령을 결단코 받을 수 없을 것입니다.

성령께서 이렇게까지 여러분들을 가르치셨다면 그는 여러분에게 한걸음 더 나아갈 것을 지시하실 것이며, 그의 가르침은 그리스도를 영화롭게 하시는 것이기 때문에 우리는 그것을 받아들일 수 있을 것입니다. 강단에서 쉽게 전하지 못하는 교리들이 있습니다. 그러한 교리들이 위험하다고 간주되기 때문입니다. 저는 어떤 목사님에게 은혜의 약속이나 선택의 교리를 발견할 수 없는 몇몇 찬송가를 좋아하지 않는다고 말한 바가 있습니다. 그때 그는 이렇게 말했습니다. "아, 그렇습니까? 그런데 제게는 크게 문제가 되지 않습니다. 제가 그러한 교리들에 대해 결코 말하지 않기 때문이죠." 저는 그가 말한 것을 전혀 믿을 수가 없습니다. 그가 은혜의 약속이나 선택의 교리를 전혀 말하지 않는다는 것입니다. 초보의 단계를 거쳐 어느 정도 깊은 이해를 감당할 수 있는 사람들에게만 속하는 특정한 진리들이 있습니다. 그리스도를 영화롭게 하는 많은 것들 가운데 하나는 성령께서 그리스도의 영원한 사랑과 저들과 계약을 맺으시는 것을 그의 백성들에게 깨닫게 하실 때입니다.

성도 여러분! 저는 그리스도께서 어떤 순간에 가서야 비로소 여러분들을 사랑하기 시작하신 것이 아니라는 것을 깨닫기를 원합니다. 그리스도께서는 산이 쌓이고 구름이 몰리기 전에 그의 마음을 여러분에게 정해 두셨을까요? 아닙니다. 만세 전부터, 이 큰 세상과 해와 달과 별이 하나님의 마음속에서 하나의 작은 종지처럼 잠들어 있을 때, 그때부터 여호와께서는 여러분을 사랑하셨고 예수께서도 여러분들을 사랑하셨습니다. 그리고 때가 되자 그가 오셔서 우리들의 빚을 청산하기 위하여 우리들의 영혼을 위한 보증인(保證人)으로서 자기 자신을 내어주시고, 우리들의 대리인(代理人)으로서 곁에 계시며, 이 세상에서 우리들을 지키시고, 마침내는 우리들을 귀중한 보석과 같이 여기시며 성부께 인도하십니다. 오! 우리들이 하나님의 신비함을 받아들일 만큼 넉넉한 믿음을 가지고 있다면 어떻게 그리스도를 영화롭게 하지않겠습니까? 선택의 사랑을 보고 놀라지 마시기를 바랍니다. 그것은 하늘 음악의 가장 높은 음조(音調) 가운데 하나입니다. "내가 무궁한 사랑으로 너를 사랑하는고로 인자함으로 너를 인도하였다"(렘 31:3)와 같은 성경말씀을 두려워하지 마십시오. 여기에는 믿음의 선배들이 배불리 먹었던 것과 같은 자양분(滋養分)이 풍부한 음식이 들어있기 때문입니다.

다른 진리도 취하시기를 바랍니다. 그리스도께서 그의 백성을 위해 성취하신 업적에 관한 고귀한 진리를 섭취하시기를 바랍니다. 우리들은 얼마나 자주 그리스도의 업적에 대한 설교를 들었습니까? 많은 분들이 그리스도께서 알맞은 옷을 입으셨지만 그것을 어딘가에 벗어놓았다고 생각하는 것 같습니다. 그러므로 우리가 그 일을 마무리져야한다는 것입니다. 언젠가 대영 박물관(the British Museum) 지하 전시실에 가본 적이 있습니다. 그때 어떤 조각상이 니느웨로부터 왔는데, 그

가운데 하나가 미완성 작품이었습니다. 그것은 석공(石工)이 죽기 전에 만들었거나 그가 다시는 되돌아올 수 없는 곳으로 일하러 떠나기 전에 만든 것이었습니다. 그러나 예수 그리스도께서는 이런 종류의 조각상을 남겨놓지 않으셨습니다. 그리스도께서는 그의 모든 일을 완수하셨습니다. "다 이루었다"(요 19:30, 등)는 말씀은 땅을 기쁘게 하고 하늘을 더욱 영광스럽게 만든 말씀이었습니다. 이제 영혼들이 스스로를 구원하기 위해서 할 수 있는 일이란 아무것도 없습니다. 예수께서 그들을 구원하시기 위해서 죽으셨기 때문입니다. 영혼이 구원받기 위해서 할 수 있는 일이란 죽을 수밖에 없는 우리들에게 영원한 생명을 주신 분께 감사하고 그분만을 사랑하는 것뿐입니다.

> 내 하나님을 사랑하노라.
> 나는 다시금 그에 대한 큰사랑으로 불타오른다.
> 때가 오기 전에 그를 택하나니,
> 나는 감사의 보답으로 그를 택했노라.

이제 우리들은 그리스도 안에서의 온전함이 확실히 성경에 부합한다는 것임을 알게 되었을 것입니다. 우리들이 어떻게 멸망할 수 있겠습니까? 우리들은 이미 구원을 받은 사람들입니다. 그러므로 이제 우리들에게 주어지는 저주는 없습니다. 누가 비난하겠습니까? 누가 주님이신 그리스도 예수 안에 있는 하나님의 사랑에서 우리들을 갈라놓을 수 있겠습니까?

다른 교리보다 더욱 감미로운 교리, 더욱 심오한 교리가 있다면, 그것은 그리스도와 그의 백성 사이에 존재하는 영원한 연합에 관한 거룩한 교리일 것입니다. 황금 열쇠를 가지고 비밀스런 왕실로 인도하는 것은 성령의 활동이며, 이로 인해 신자들은 그리스도와 하나가 됩니다. 생동적이고 인격적인 연합으로 그들은 그리스도와 하나가 되는 것입니다. 성도들은 그의 몸의 지체들입니다. 그리스도 자신이 말씀하신 것처럼 그리스도는 포도나무이며, 저들은 그 나뭇가지입니다. 그리스도는 머리이시고 저들은 그 지체들입니다. 저는 그리스도와의 이러한 연합-이러한 영원한 연합-보다 더 즐거운 것은 아무것도 없다고 생각합니다.

> 무덤에 있던 자가 부활하셨을 때,
> 그분이 원수를 이기고 승리하셨을 때,
> 그분이 하늘에서 자리를 잡으셨을 때,
> 천사들은 찬송하는 반면에 지옥 마귀들은 모두 패퇴한다.
>
> 이러한 성스러운 결속이 우리의 두려움을 허락하지 않는다.
> 그가 존재하는 것, 그가 소유하는 것, 그 모든 것이 우리의 것이기 때문이다.
> 우리의 머리이신 그와 더불어 우리는 일어서고 넘어진다.
> 그분이 우리의 생명이고 우리의 보증이며 우리의 모든 것이기 때문이다.

한 탁월한 신학자는 업적과 은혜의 두 계약을 이해하는 사람에게는 신학 석사(碩士)라 불릴 수 있을만하다고 말했습니다. 하지만, 오! 은혜의 계약을 진정으로 깨닫는 그리스도인들이 얼마나 적어 보입니까! "아담 안에서 모든 사람이 죽은 것 같이 그리스도 안에서 모든 사람이 삶을 얻으리라."(고전 15:22) 우리 자신의 죄 때문이 아니라 아담의 죄 때문에 우리는 타락했습니다. 이와 마찬가지로 우리 자신의 공로 때문이 아니라 우리가 그리스도와 연합한 공로로 말미암아 우리가 다시 사는 것입니다. 성도 여러분! 여러분들이 그리스도 안에 있다면, 여러분들은 그리스도가 지켜주시는 동안은 충분히 안전합니다. 여러분들 머리를 물에 잠기게 하지 않고서는 물에 빠져 죽게 할 수 없습니다. 내 발이 강물에 잠길 수는 있지만 큰 물결이 내 이마를 쳐서 자빠뜨리지 않는다면 물에 빠져 죽게 할 수 없습니다. 그리스도께서 망하지 않는 한, 그리스도와 하나 된 어떠한 영혼도 멸망하지 않을 것입니다. 예수께서는 제자들에게 "너희는 나를 보리니 이는 내가 살았고 너희도 살겠음이라"(요 14:19)고 말씀하셨습니다. 시간이 허락된다면 저는 그리스도인의 위로(慰勞)의 핵심과 요점을 이루는 숭고한 몇 가지 신비들을 더 다루고 싶지만 다음 기회로 미루겠습니다. 하나님의 영이 그리스도께 속한 것들을 가지고 여러분에게 보여주시고 여러분들의 것이 되도록 하심으로써 그리스도를 영화롭게 하시기를 빕니다!

마지막으로 여러분들께서 그리스도를 믿는 신자가 된다면, 성령께서는 **여러분들의 경험과 여러분들의 삶에 그리스도에 관한 모든 것을 써주심으로써** 여러분들 안에서 성령의 역사를 촉진시키는 삶을 지속시켜 주실 것임을 말씀드리고 싶습니다. 저는 교회에서 여러분들이 그리스도를 영화롭게 하여 저들의 믿음이 흔들리지 않게 되기를 갈망합니다. 저는 교회에서 여러분들이 의심이나 두려움을 갖지 않는 사람들이 되기를 바랍니다. 저는 여러분들이 믿는 대상이 누구인지를 아는 사람들이 되기를 바랍니다. 저는 여러분들이 그리스도께 의탁한 것을 지켜주실 것이라고 믿는 사람들이 되기를 원하며, 모든 것을 아버지 하나님의 지혜에 맡기고 무엇이든지 완전하신 구세주에게 구하는 사람들이 되기를 갈망합니다. 저는 넘치는 기쁨에 동참하는 사람들이 되기를 소망합니다. 저는 여러분들의 눈이 구세주의 현존에서 나오는 환희의 광채로 반짝이게 되기를 갈망합니다. 저는 여러분들이 기쁨으로 충만하게 되기를 기도합니다. 그리하여 여러분들이 말할 때에 풀이 죽은 사람들이 격려를 받고 슬픈 사람들의 얼굴이 밝아지기를 바랍니다. 저는 여러분들이 강렬하게 불타는 사랑-불가능한 것들을 수행할 수 있는 사랑, 그리스도를 위해 무엇이든지 감행할 수 있는 사랑-을 더하기를 소망합니다. 열성적으로 추진되는 그 사랑은 태산(泰山)과 같은 것들을 타작할 것이며 타작마당에서 두들겨 키질하여 알곡과 겨를 골라낼 것입니다. 저는 여러분들이 성령의 전능한 낮아지심을 갖추게 되기를 기도합니다. 그리하여 세상의 형상으로 태어났지만 하늘의 형상을 품게 되기를 바랍니다. 여러분들이 저주(詛呪) 속에서, 모든 불의(不義) 속에서, 죽을 수밖에 없는 인생의 비애(悲哀) 속에서 첫 번째 아담을 따랐던 것처럼 인간을 위한 순수하고도 헌신적인 사랑 속에서, 아버지 하나님과 그의 뜻을 위해 고귀하게 모든 것을 바치기를 바랍니다. 모든 것을 희생하는 사랑 속에서, 두 번째 아담을 따르기를 바랍니다.

우리가 더욱더 완전하게 구세주께 복종하여 그리스도를 영화롭게 했더라면, 성령께서는 그렇게 많이 그리스도를 영화롭게 하실 필요가 없었으리라고 믿습니다. 어느 분이 짐을 가득 실은 선단(船團)을 강에 띄웠는데, 강이 얼음으로 막혀있어 지나갈 수 없었다는 특별한 경험을 제게 이야기해준 적이 있었습니다. 이와 같이 저는 주님의 사랑의 선단이 저 아래 강까지 늘어서 있다고 생각합니다. 그 강물이 가련한 우리의 영혼으로 흘러들어 우리를 풍요롭게 하고 우리를 거룩하고 하늘에 속한 사람으로 만들어주시기를 바랍니다. 그러나, 아아! 얼음처럼 차가운 우리 마음이 통로를 막고 우리가 얻을 수 있는 것을 얻지 못합니다. 오소서, 하늘 사랑이시여! 얼음을 녹여 주소서. 은혜의 물줄기를 흐르게 하시고, 모든 장벽을 무너뜨려 주소서. 예수여! 오소서! 내 마음에 오시옵소서. 그리하여 당신의 보화가 영원히 내 것이 되게 하소서! 오, 제가 성도들에게 그리스도인들이 보편적으로 향유하는 것보다 더 좋은 것을 구하도록 자극할 수만 있다면 좋겠습니다. 하나님께서 여러분에게 화이트필드(Whitefield)와 같은 사람이 가졌던 천사의 열심을 주시기를 빕니다! 하나님께서 마틴(Martyn)이 가졌던 깊은 경건함을 주시기를 빕니다! 하나님께서 뉴턴(Newton)이나 카우퍼(Cowper)처럼 사랑의 영을 주시기를 빕니다! 여러분들이 숨길 수 없는 산등성이에 우뚝 세워진 도성(都城)과 같이 되고 사방을 환하게 비추는 촛불이 될 때까지 하나님께서 여러분들에게 성령을 넘치도록 채워주시기를 빕니다!

그러나 아아! 여기에 주님에 대해 전혀 모르는 사람들, 주님의 사랑에 대해 문외한(門外漢)인 사람들이 있습니다. 그리스도께서는 눈물어린 눈동자로 우리를 바라보고 계십니다. 그리스도께서는 우리들에게 오라고 명하십니다. 여러분들이 지금까지 경멸해 왔던 그 보혈(寶血)이 여러분들의 모든 죄를 깨끗이 씻어낼 것입니다. 오직 주님께만 복종하시기 바랍니다. 맥 빠진 눈을 들여다보십시오. 저들의 눈은 동정심으로 가득 차 있습니다. 흘러나오는 저 보혈의 피는 예수를 신뢰하는 모든 영혼에게 흘러 들어갑니다. 창에 찔린 저 가슴의 신비를 읽어보시기 바랍니다. 거기에 기록되어 있는 것은 오로지 사랑뿐입니다. 가련하게 순교하신 육신의 아픔을 헤아려보시기 바랍니다. 모든 고통 속에서 여러분들은 그의 긍휼에 관한 기사를 배울 수 있을 것입니다. 그리스도께서 머리를 떨구시고 "아버지여 내 영혼을 아버지 손에 부탁하나이다"(눅 23:46)라고 말씀하시는 것을 볼 때, 그리스도께서는 여러분들의 영혼을 아버지의 손에 부탁할 것을 명하십니다. 그렇게 행하십시오. 지금 그것을 행하십시오. 하나님께서 여러분들을 도우실 것입니다. 그리하면 그리스도께서 영화롭게 되실 것입니다.

주의 영이 분노하시는가?

　알렉산더 맥클라렌(Alexander Maclaren, 1826~1910)은 가장 유명한 영국 설교자들 가운데 한 사람으로 손꼽힌다. 그는 맨체스터 유니온 채플에서 목회를 하면서(1858-1903), '강해 설교자들의 왕자'로 알려지게 되었다. 맥클라렌은 교파나 정치적인 일에 참여한 적이 거의 없다. 그는 원어(原語)로 말씀을 연구하고 설교를 통해 사람들과 그 진리를 함께 나누는 일에 거의 모든 시간을 투자했으며, 그의 설교들은 지금까지도 강해 설교의 본보기가 되고 있다. 그는 수많은 설교집을 펴냈고 그의 목회는 기념비적인 『성경 강해집 Expositions of Holy Scripture』 출판으로 정점에 달했다.
　이 설교는 뉴욕 펑캔 워그널스 출판사(Funk and Wagnalls)에서 1902년에 발행한 『마음속에 있는 그리스도 Christ in the Heart』에 포함되어 있다.

4

알렉산더 맥클라렌(Alexander Maclaren)

주의 영이 분노하시는가?

"너희 야곱의 족속아 어찌 이르기를 여호와의 신이 편급*하시다 하겠느냐? 그의 행위가 이러하시다 하겠느냐?"(미가 2:7) *편급(偏急): 소견이 좁고 성질이 급함

오늘날 대부분의 기독교에서는 교회에 부어주신 하나님의 성령의 은사를 찬미하고 있습니다. 그렇지만 현재 기독교의 종교적 상황이 성령강림절에 비추어 볼 때 서글픈 풍자(諷刺)가 되고 있지는 않은지에 대해 질문을 해 볼 필요가 있을 것 같습니다. 기독교 초기의 밝은 면과 그 이후의 역사 사이에 슬픈 대립이 있었으며, 이는 신앙을 매우 당혹케 하는 것이 있는 것처럼 보입니다. 오늘날 하나님을 섬기고 있는 신자들 가운데 극소수의 사람들만이 오순절에 부어진 성령의 은사를 개인적으로 체험하고 있습니다! 오히려 대다수의 사람들이 초대교회와 관련된 이야기는 과거에 대한 것일 뿐, 오늘날의 그리스도인들에게 순간적으로 일어나는 기적과 같은 것들은 없다고 생각하고 있습니다! 소아시아의 어떤 도시에 소수의 신자들이 있었는데, 한 사도가 다음과 같은 질문을 제기하자 그들이 깜짝 놀랐다고 합니다. 그 질문을 그리스도인들 대다수에게 제기해도 좋을 것 같습니다. "너희가 믿을 때에 성령을 받았느냐?"(행 19:2) 저들의 응답은 오늘날 그리스도인이라고 일컬어지는 대

다수 사람들의 경험을 너무나도 진솔하게 베낀 것일 뿐입니다. "우리는 성령이 있음도 듣지 못하였느니라."

성도 여러분! 저는 오늘 이 집회를 빌어 여러분의 양심에 호소하고 그로 말미암아 자연스럽게 제가 생각한 몇 가지 요점을 말씀드리고자 합니다. 저는 오늘 옛 선지자가 꾸짖으며 했던 두 질문을 주목하려 합니다. **"여호와의 신이 편급하시다 하겠느냐?"** 사실 오늘날 기독교의 모습도 이와 같지 않을까요? **"그의 행위가 이러하시다 하겠느냐?"** 성도님들께서는 이러한 무시무시한 비교가 잘못되었다고 생각하십니까? 그렇다면 그것은 흡사 어제가 맑았는데, 오늘은 왜 날이 흐린지에 대해 묻는 것과 같다고 생각합니다.

오순절의 약속

오순절의 약속에서는 무엇을 말했으며, 교회의 신앙을 위해서는 무엇을 제시했을까요? 저는 이점에 대해서는 길게 다루지 않을 것입니다. 그 사실은 여러분들에게 너무나도 친숙한 것이며, 거기에서 나온 결과도 우리 모두에게는 너무나도 잘 알려져 있기 때문입니다. 그래서 저는 가능하면 간단하게 말씀드리겠습니다.

"홀연히 하늘로부터 급하고 강한 바람 같은 소리가 있어 저희 앉은 온 집에 가득하며 불의 혀 같이 갈라지는 것이 저희에게 보여 각 사람 위에 임하여 있더니 저희가 다 성령의 충만함을 받고."(행 2:2-4)

성경본문에 어떤 내용이 있습니까? 첫째로, 하나님의 영에 대한 약속이 있습니다. 그것은 성령의 역사에 대한 특징과 기이함을 나타내는 상징들로 되어 있습니다. 강한 바람의 돌진(突進)은 능력을 말합니다. 바람은 나무에 달린 잎새도 흔들지 못하는 부드러운 산들바람에서부터, 길에 서 있는 것은 무엇이나 쓰러뜨릴 수 있는 거친 강풍(强風)에 이르기까지 다양하게 표현될 수 있습니다.

물질적인 요소들 가운데 가장 기본적인 요소인 바람이라는 자연적 상징은 비물질적인 인간의 인격과 관련하여 표현되었습니다. 바람은 신적인 것, 비물질적인 것, 전능한 것, 생명을 주는 능력을 가리키는데, 그 바람은 임의(任意)로 불며, 사람들은 모두 그 힘에 대해서는 아는 바가 없지만 그 효과만큼은 누구든지 확인할 수 있습니다.

이와 마찬가지로 '갈라지며 각 사람에게 임하는 불의 혀' 라는 상징(象徵)은 하나님의 영향력, 즉 파괴적인 힘이 아니라 급하게 오는 에너지와 기쁘게 하는 생명력, 변화시키고 정결케 하는 능력을 말해줍니다. 불이 어디에서 오든지 간에 불은 모든 것을 그 본체(本體)까지도 변화시킵니다. 불이 어디에서 오든지 간에 불은 하늘로 향해 건강한 새싹을 돋아나게 합니다. 불이 어디에서 오든지 간에 불은 모든 굴레와 족쇄를 녹이고 소멸시킵니다. 그러므로 이 불은 변화시키고, 정결케 하며, 고귀하게 만들어 주고, 소생케 하며, 해방시켜 주는 역할을 하는 것입니다. 불같은 성령이 있는 곳에 에너지가 있고, 경쾌한 삶이 있으며, 즐거운 활동이 있고, 변혁시키고 변화시키는 능력이 있습니다. 그 능력은 불꽃을 받는 사람을 불꽃 자체로 변화시켜 줍니다.

그런데 더 중요한 것이 있습니다. 오순절 사건에는 인류의 모든 도덕적 측면에 영향을 미치는 하나님의 영에 대한 약속이 있다는 것입니다. 이것은 기독교가 이방 땅에서 발견되는 부분적으로 비슷한 다른 모든 사상과 구별되는 위대하고도 영광스러운 점입니다. 예수 그리스도의 복음은 **거룩한** 영에 강조점을 두고, 마음의 성결함이 하나님의 영감에 대한 모든 주장의 시금석(試金石)이자 표준이라고 선언합니다. 은사는 대단한 것이며, 은혜는 더욱 소중한 것입니다. 지혜롭게 만드는 영감은 흠모할 만한 것이며, 성결하게 만드는 영감은 한없이 더 좋은 것입니다. 우리는 거기에서 기독교에 수시로 침투했던 온갖 형태의 광신(狂信)을 막아줄 보호 수단을 발견할 수 있습니다. 즉 광신이란, 사람들 속에 거하는 영이 법의 의무와 도덕으로부터 해방시켜준다는 생각이며, 훌륭한 법보다 더 깊은 성결함을 일으키는 영이 어떤 규정이나 계명을 이전보다 더 강화시키지 않는다는 생각이며, 그보다 영은 더 공정하고 선한 것을 자발적으로 기쁘게 따르게 한다는 생각입니다. 오순절에 임하신 성령께서는 단순히 불어오는 능력의 영이나 재빨리 불붙는 에너지의 영이 아니라, 성결(聖潔)의 영이십니다. 성령의 가장 복되고 친밀하신 역사는 인류를 아름답게 하고 기쁘게 하는 모든 소박한 덕(德)과 꾸미지 않는 감미로운 선(善)을 우리 안에 만들어주는 것입니다.

더 나아가서 오순절은 모든 교회에 주시는 약속과 예언을 동반합니다. "저희가 다 성령의 충만함을 받고." 이것이 기독교의 참된 민주주의(民主主義)입니다. 그 기초는 몸의 모든 지체가 동등하게 머리에 연결되며, 모든 지체가 동등하게 생명의 수령인(受領人)이라는 사실에 있습니다. 다른 사람이 간직하지 못하는 영을 간직한 사람은 단 한 사람도 없습니다. "여호와께서 그 신을 그 모든 백성에게 주사 다 선지자 되게 하시기를 원하노라."(민 11:29) 고대 유대교 입법자들의 소원은 오순절의 경험에서 이미 성취되었습니다. 노인과 하인은 물론이거니와 시중드는 사람과 어린이들 또한 보편적인 은사를 받았습니다. 그러므로 성직(聖職)이 중하다는 주장이나 특수 기능, 특권 계급이 존중받아야 한다는 주장은 기독교의 정신과는 조화되지 않는 것이며, 오히려 성령을 불어넣어 주시는 하나님에 대한 신성모독에 불과합니다. "너희 선생은 하나요 너희는 다 형제니라."(마 23:8) 그리고 이처럼 우리가 모두 같은 영을 마시도록 되어 있다면, 어떤 사람이라도 우리의 믿음에 대한 지배권을 결코 갖지 못할 것이며, 우리와 하나님 사이에 개입하여 간섭할 권한 역시 더 이상 갖지 못할 것입니다.

성령의 역사에 대한 최초의 약속은 저희에게 허락하신 자연 모두에 충만하게 되라는 약속, 즉 자연스럽게 수용력을 넓히고 바다처럼 해변을 따라 생긴 만(灣)과 만입(灣入)에 충만하게 되라는 것입니다. 만(灣)이 깊을수록 그 안에 있는 물은 더 깊게 마련입니다. 그 물이 내륙으로 깊이 들어갈수록 원기를 회복시켜주는 조수(潮水)가 대륙의 심장부까지 깊이 침투하게 됩니다. 각 사람은 그 성격과 재능과 상황과 서로 다른 조건에 따라 수용력이 결정되며 서로 다른 분량의 은사를 받게 될 것이지만, 언제나 그것은 모두가 충만하게 될 것이라는 것을 의미합니다. 큰 물탱크나 거대한 통은 물론이거니와 작은 그릇이나 조그만 컵에 이르기까지 각자가 그 능력에 따라 담게 됩니다. 모두가 채워진다면 이 신속한 영은 인간 본성의 모든 영역, 도덕과 영적인 것에까지 영향을 미치게 될 것입니다. 열매를 맺을 때 꽃이 지듯이 성령의 능력의 일시적인 나타남과 비범한 표징도 열매를 맺으면 사라질 수도 있습니다. 하나님의 영의 활동은 모든 자연을 통해 떨림으로 느껴질 수 있고, 인간 존재의 각 부분이 능력의 수취인(受取人)이 될 수 있습니다. 촛불을 산소가 가득 찬 곳에 던지게 되면 맹렬히 타오르듯이, 가련한 인간 본성은 하나님의 영에 잠겨 성령으로 세례를 받게 되면, 모든 지체(肢體)는 예측이나 경험하지 못한 밝은 빛을 발산하며 타오르게 될 것입니다. 이것이 바로 오순절 약속의 주요 내용입니다.

약속의 명백한 실패

"여호와의 신이 편급하시다 하겠느냐?" 우리 기독교를 보십시오. 모든 교회를 보십시오. 그리고 여러분 자신을 보십시오. 누가 이 순간에 신자로 자처하는 사람들이 모인 종교집단이 오순절에 합당하다고 말할 수 있겠습니까? 그 간격이 너무 커 그것을 벌충하는 일이 불가능한 것처럼 보이지는 않습니까? 오염되고 불완전하게 벌충하려는 것이 오히려 그 약속에 대한 서글픈 풍자가 되지는 않을까요? 고대 이스라엘 영웅들 가운데 한 사람(기드온)은 이렇게 말했습니다. "여호와께서 우리와 함께 계시면 어찌하여 이 모든 일이 우리에게 미쳤나이까?"(삿 6:13) 그리고 저는 우리도 이와 똑같이 말할 수 있다고 확신합니다. 여호와께서 우리와 함께 계신다면, 우리가 주위에서 보고 우리 스스로 깨닫는 이 모든 사태가 의미하는 바는 과연 무엇일까요? 오늘날 교회들이 사회 속에서 온전한 모습으로 예수님을 드러내고 있을까요? 영을 통하여 더욱 완전한 하나님의 거처를 세우기 위하여 오히려 너무 멀어진 교회 조직을 허물어뜨리는 것이 최선은 아닐까요? 저는 과장해서 말하고 싶지는 않습니다. 하나님께서도 과장하실 필요가 없다는 것을 잘 아실 것입니다. 평범하고 소박한 이야기도 그리 나쁘지는 않을 것입니다. 밝은 것을 모두 망각하게 하고 비관적인 것을 골라 말하지 않는 그런 이야기 말입니다.

사랑하는 성도 여러분! 이제 세 가지 요점에 대해서 생각해 보려합니다. 이것들을 여러분 자신에게 적용해 보고, 우리 주위에서 일어나는 일들에 대해 평가해 보시기 바랍니다. 첫째로, 우리가 모든 것을 아름답게 변화시키는 하나님의 영을 받았다면, 기독교 생명의 책들이 사람들을 성결하고 순수하게 만드는지 아닌지를 판단해 보시기를 바랍니다. 그리고 어떤 교회에서건 하나님의 영의 현존이 예배와 헌신의 표준이 되고 있는지를 여러분 자신에게 질문해 보시기를 바랍니다. 우리는 하나님과 매우 부분적으로만 관계하고 있고, 하나님께 매우 불완전하게 헌신하고 있지는 않은지요? 대중들에게 둘러싸여 있어도 그에 관하여 거의 증언하지 못하고 있는 것은 아닙니까? 이것이 우리 대부분 교회의 현실입니다. **그의 행위가 이러하시다 하겠느냐?** 이것은 확실히 그의 행위가 아니라 다른 누군가의 행위에 불과합니다.

다른 질문을 해보겠습니다. 오늘날 그리스도인들과 교회의 관계를 통해 우리는 하나 되게 하시는 영의 현존(現存)을 증명하고 있을까요? 바울은 우리가 "다 한 성령을 마시게 하셨느니라"(고전 12:13)라고 고백했습니다. 아아! 과연 우리가 다 한 성령을 마신 것처럼 보일까요? 기독교를 살펴보십시오. 인접해 있는 두 교회 사이에서 나타나는 적개심과 질투를 보십시오. 조직과 정치의 사소한 차이에서 비롯된 넘을 수 없는 장벽(障壁)을 보고, 그러한 것들이 모든 지체를 한 몸으로 만드시는 한 성령의 오순절 약속에 합당한가를 생각하시기를 바랍니다. **"여호와의 신이 편급하시다 하겠느냐? 그의 행위가 이러하시다 하겠느냐?"**

또 다른 증거를 찾아보겠습니다. 교회가 점차 세속성과의 투쟁에서 얼마나 무기력한지를 보십시오. 저는 오늘날 우리가 해야 할 일이 얼마나 많은지, 그리고 그리스도의 복음이 아직도 얼마나 많은 승리를 얻어야 하는지를 망각하지 말아야 합니다. 예컨대 맨체스터(Manchester) 시나 다른 대도시의 상황에 대해 냉정하고도 사려 깊게 보시기 바랍니다. 얼마나 많은 주민들이 우리와 우리 기독교에 대해 아무것도 모르고, 또한 알려고도 하지 않으며, 우리 예배의 처소로 나아오지 않고, 우리와 함께 소망을 나누지 않는지를 주목해 보십시오. 저들이 차라리 중앙아프리카에 산다면 그렇지는 않았을 것입니다. 그것이 공식적인 기독교의 역사가 1,800년이나 지난 오늘날의 상황입니다. 여러분들께서는 어떤 해로운 영향력이 초대 교회로 도약하려는 시도들을 정지시켜 왔다는 감정을 가질 수 없습니까? 그것을 용암(鎔岩) 유출이라고 불러도 좋다면 그러한 것이 옛 시절에 하나님의 가슴에서 흘러 나왔는데, 그 흐름이 막혀 검고 우글쭈글한 화강암(花崗巖)의 지층(地層)으로 변했다라고 말할 수 있을 것입니다. 그럼에도 그 중심에는 아직도 열기(熱氣)가 남아 있는 것은 아닐까요? 하나님께서 우리와 같이 계신다면 어찌하여 이 모든 일이 우리에게 생기는 것일까요?

모순의 해결

성경본문에서 사실이 아닌 것을 설명하고 이를 무시하기 위하여 그런 질문이 제기되었을 것입니다. 한가지의 설명은 때로는 여호와의 신이 편급하시다고 주장된다는 것입니다. 그 설명은 두 가지 형태를 취합니다. 여러분들께서는 사람들로부터 "기독교는 나약하다. 우리는 이제 참신한 영감(靈感)의 샘물을 찾아 나서야 한다. 물을 담을 수 없는 깨어진 이 물탱크를 외면해야 한다"고 말하는 것을 자주 들었을 것입니다. 물론 저는 그 문제를 지금 여기에서 논하려는 것은 아닙니다. 저는 세상이 기독교를 따라잡아 기독교를 능가하여 실천할 때까지는 기독교가 나약해질 것이라고는 생각하지 않습니다. 그런 일이 발생하기 전까지 기독교는 결단코 선하게 남아 있을 것입니다. 사람들이 예수 그리스도의 모범을 모방하고 실천하기까지는 기독교가 무용지물(無用之物)이 되지 않을 것입니다. 그런데 저들은 예수 그리스도를 아직 충분히 모방하거나 실천하지도 못했습니다. 복음이 그 능력을 상실하거나 하나님의 영이 약해졌다는 우려의 그림자가 우리 마음속을 파고들어 오지 않도록 해야 합니다. "내가 아버지께 구하겠으니 그가 또 다른 보혜사를 너희에게 주사 영원토록 너희와 함께 있게 하시리니"(요 14:16)라는 약속의 말씀을 잊지 말아야 합니다.

이것이 교회에게 주신 영원한 은사입니다. 우리는 상징들과 은사와 은사의 결과 사이에서 나타나는 이야기들을 구별해야 합니다. 첫 번째 것(상징들)과 마지막 것(은사의 결과)은 일시적인 것이지만, 두 번째 것(은사)은 영속적인 것입니다. 상징들은 일시적인 것이었습니다. 함께 모인 사람들이 모두 불의 혀를 본 것은 아니었습니다. 결과들도 물론 일시적인 것이었습니다. 혀와 기적적인 방언 또한 일시적인 것이었습니다. 그 결과들도 상황에 따라 다르게 나타났습니다. 그러나 중심적인 것, 취소될 수 없는 은사로서 한번 주어진 은사 자체는 만대에 이르기까지 영원히 교회와 함께 있을 것입니다.

다른 형태로 주권(主權)을 가지신 하나님께서 우리가 그를 따라잡지 못하게 하시려 그의 영을 철회하신다는 주장도 있습니다. 그러나 한번 주어진 은사가 지속되는 정도에 따라 달라진다는 것은 사실이 아닙니다. 하나님께로부터 흘러나오는 것은 언제나 변함없고 동일합니다. 교회의 영적인 능력에는 밀물과 썰물이 있습니다. 그렇습니다! 썰물의 때에는 여러분의 항구(港口)에서 물이 빠져나갑니다. 그렇다고 바다에 물이 적어진 것이라고 할 수 있겠습니까? 은사 또한 어떤 공동체에서 어떤 중요한 때에 썰물처럼 빠져나갈 수 있습니다. 그것은 하나님의 계시와 은총이 변하기 때문이 아니라 우리의 수용력이 변하기 때문입니다.

그러므로 우리는 그리스도인으로서 믿음 없이 여호와의 신이 편급하시다는 불만을 단호하게 무시하시기 바랍니다. 그리고 우리와 상관없는 불가해한 권세가 교회에 때로는 많은 은사를, 때로는 적은 은사를 준다는 말에 현혹되지 마시기 바랍니다. 실제로 그렇지 않습니다. 그는 변함이 없으십니다. 하나님의 은사에는 후회가 없습니다. 과거에 주어진 영이 앞에서 인용한 주님의 말씀에 따라 우리와 함께 영원히 거하시기 위해서 주어지는 것이기 때문입니다.

그러므로 우리는 이 지점으로 되돌아가야 합니다. 그곳은 제가 여러분과 함께 참회하고 깊이 뉘우치는 심정으로 저 스스로를 인도하려던 지점이었습니다. 그것은 우리 자신의 모든 허물이며 우리 자신 속에 있는 악의 결과입니다. 그것이 하나님의 은사를 너무 적게 받은 우리를 구제해줄 것입니다. 만일 이 나라의 교회와 이 시대의 교회가 성과없는 활동과 형식적인 예배로 인해 저주를 받고 비난을 받게 된다면, 그것은 교회의 허물이지 주님의 잘못은 결코 아닙니다. 하나님의 보좌로부터 흘러나오는 물줄기는 사막에서도 고갈되지 않았으며 그 용량도 전혀 줄어들지 않았습니다. 오순절에 밝혀진 불은 꺼지지 않았으며 잿빛으로 변하지도 않았습니다. 저 아침을 깨우러 불어온 강한 바람은 여전히 가라앉지 않았고 한낮의 열기와 질식케 하는 숨막힘으로 정지되지도 않았습니다. 그날에 신자들을 채웠던 영의 충만함이 오늘 우리 모두에게도 주어질 수 있습니다. 은사를 기다리는 옛 교회처럼 우리도 계속해서 기도와 간구를 드린다면 은사가 우리에게도 동일하게 주어질 것입니다. 우리가 기적을 필요로 한다면 우리는 교회의 역사에서 가장 드높은 시절과 가장 고귀한 성도들에게 필요했던 성령을 계속적으로 받을 수 있습니다. "너희가 악할지라도 좋은 것을 자식에게 줄줄 알거든 하물며 너희 천부께서 구하는 자에게 성령을 주시지 않겠느냐?"(눅 11:13) 구하십시오! 그리하면 받게 될 것이며, 성령과 권능으로 충만하게 될 것입니다.

성령을 받지 못한 아볼로

클로비스 길햄 챕펠(Clovis Gillham Chappell, 1882~1972)은 미국 감리교에서 가장 유명하고 가장 능력 있는 설교자들 가운데 한 사람으로 손꼽힌다. 그는 워싱턴 D. C. 텍사스 주의 달라스 시와 휴스턴 시, 테네시 주의 멤피스 시, 앨라배마 주의 버밍엄 시 등지의 여러 교회에서 목회를 했는데, 특히 성경 인물들을 오늘날의 모습으로 생동감 있게 전하는 전기적인 설교로 유명하다. 그는 약 30권에 달하는 설교집을 펴냈다.

이 설교는 1976년에 베이커 북하우스(Baker Book House)에서 다시 펴낸 『챕펠의 특수절기 설교집 *Chappell's Special Day Sermons*』에 포함되어 있다.

5

클로비스 길햄 챕펠(Clovis Gillham Chappell)

성령을 받지 못한 아볼로

"그가 일찍 주의 도를 배워 열심으로 예수에 관한 것을 자세히 말하며 가르치나 요한의 세례만 알 따름이라."(사도행전 18:25)

"그가 …… **요한의 세례만 알 따름이라.**" 오랫동안 예수에 관해 가르쳐온 사람에 대해 이러한 평가를 하는 것은 깜짝 놀랄만한 것입니다. 그러한 사람이 실제로 예수의 제자가 되었다면, 더욱더 놀랄만한 것이 될 것입니다. 강단(講壇)에서 설교하는 사람들에게 필요한 영적인 요구가 좌석에 앉아 있는 신도들의 것보다 결코 더 큰 것은 아니겠지만, 이 사람이 제자가 되었을 뿐만 아니라, 기독교 선교에 돌입했다는 사실은 우리를 더욱더 놀랍게 해주는 것입니다. 그렇지만 그것은 사실입니다. 아볼로는 전도자였습니다. 그는 초대교회의 위인들 가운데 한 사람이었습니다. 아볼로는 사람들을 거듭나게 하고 하나님의 나라로 인도하는 엄청난 과제에 전념했습니다. 그러나 그가 유감스럽게도 요한의 세례만을 알 따름이었다는 이 놀랍고 어처구니없는 사실을 우리는 어떻게 받아들여야 할까요? 이 얼마나 준비되지 못한 자세입니까? 그에게 있어 애끓는 실패보다 더 좋은 것을 소망할 수는 없었을까요? 아볼로는 많은 것을 가지고 있었지만 충분하게 가지고 있지는 못했습니다.

아볼로의 풍부한 지식을 보십시오.

아볼로는 천부적인 위대한 재능을 가진 사람이었습니다. 우리는 평범한 능력을 가진 채로 수많은 세상일을 처리해야 한다는 사실을 잊지 말아야 하겠습니다. 또한 한 달란트를 받은 사람도 다섯 달란트를 가진 사람과 동일한 수준의 영광을 받을 가치를 갖고 있다는 사실을 잊지 말아야겠습니다. 어떤 사람도 그가 단지 재능을 갖추었다는 이유만으로 면류관을 받지는 않습니다. 큰 재능은 그 재능을 받은 자에 대한 신임을 반영하는 것이 아니라 그 재능을 준 자에 대한 신임을 반영하는 것입니다. 이것이 참된 것이기는 하지만, 큰 능력은 큰 쓰임새를 위해 문을 열어준다는 것도 참된 것입니다. 봉헌된 수백 만의 물질이 봉헌된 몇 푼의 동전보다 더 많은 것은 사실입니다. 이에 우리는 탁월한 능력을 가진 이 사람을 따뜻하게 환영합니다. 그리고 여러 세기에 걸쳐 세계에서 가장 위대한 지성인들이 그들의 큰 재능을 하나님 나라를 위해 바쳐온 것에 기뻐하시기를 바랍니다.

아볼로는 훌륭한 교양을 갖춘 사람이었습니다. 그는 알렉산드리아 태생이었습니다. 이 도시에는 성 바울의 고향에 대학이 있었던 것처럼 대학이 자리 잡고 있었으며, 당시 가장 큰 고문서(古文書) 도서관도 갖고 있었습니다. 알렉산드리아는 수많은 학자들과 철학자들을 배출한 도시였던 것입니다. 즉 아볼로는 당대에 가장 훌륭한 교육 환경을 접했을 것입니다. 환경이 그러했을 뿐만 아니라 그는 그러한 환경을 지혜롭게 활용했습니다. 그리고 그는 당대에 가장 잘 훈련을 받은 사람들 가운데 한 사람으로 목회에 힘썼습니다. 그는 놀라운 능력을 부여받고 교양을 갖춘 바울의 강단에서 설교할 수 있을 정도로 성품이나 훈련에서도 모두 훌륭한 준비를 갖추고 있었습니다. 게다가 바울은 실제로도 아볼로를 칭찬했습니다. 그리고 그것은 결코 놀라운 일이 아니었습니다. 그는 설교자로서 어느 시대에서의 누구와 비교를 해도 칭찬을 들을 만한 능력을 갖고 있었기 때문입니다. 사실상 아볼로와 바울과 누가는 초대교회의 가장 잘 훈련을 받은 세 사람이 되는 영광을 나누어 가졌습니다.

아볼로는 불타는 열정을 가진 사람이었습니다. 그는 영혼의 제단에서 타오르는 훌륭한 열심의 뜨거운 불을 간직했습니다. 그리고 그것은 찬란한 것이었습니다. 이 세상에서 진정으로 가치 있는 일은 뜨거운 열정을 가진 사람들에 의해서 이루어집니다. 우리 안에 있는 최선의 것을 불러내는 사람들도 바로 이들입니다. 열의(熱意)가 없고 겁이 많으며 냉담하다면 그는 이루어 내는 일도 없으며, 하나님에게나 사람에게 호소력이 있을 수 없습니다. 게다가 아볼로의 불타는 열성은 드높은 교양과 조화를 이루었기 때문에 더욱더 역동적인 것이 되었습니다. 하지만 불행하게도 탁월한 학식과 불타는 열정은 손을 맞잡고 걸어가는 법이 없습니다. 학식의 주요 목적이 마치 불을 끄는 소화기(消火器), 또는 차갑게 하는 냉장고(冷藏庫)가 되는 것처럼 보이는 경우도 있습니다. 물론, 이것이 학식의 잘못은 아닙니다. 그렇다고 아름다운 열정의 꽃이 메마른 무지(無知)의 땅에서만 말라죽는다는 결론을 성급히 내리자는 것은 결코 아닙니다. 우리는 모두 아볼로와 같이 훌륭한 교양과 뜨거운 열정을 동시에 가진 사람을 알고 있기 때문입니다. 또한 우리는 모두 지식에서나 열심에서도 동시에 크게 부족한 사람들도 알고 있습니다. 어떤 가치 있는 것에 대한 뜨거운 열정은 유익한 것이지만 더 많은 지성은 더욱더 유익한 것입니다. 그러므로 우리는 특별히 아볼로의 열정에 대하여 감사를 표해야 한다고 말씀드리고 싶습니다.

아볼로는 성경에 능한 사람이었습니다. 이 얼마나 우리의 기분을 상쾌하게 해줍니까! 왕성한 영적 생활을 갈망하는 제자라면 누구든지 성경을 소홀히 해서는 안

됩니다. 교회학교에서 가르치는 사람이나 교회에서 지도적인 위치에 있는 사람이라면 인류의 으뜸가는 이 책을 경하게 여겨서는 결코 안 됩니다. 더군다나 성경은 설교자가 전문적으로 다뤄야 할 것입니다. 설교자는 어느 정도의 확신과 권위를 가지고 성경을 가르칠 수 있어야 합니다. 아볼로는 하나님의 말씀을 연구하고 폭넓게 읽고 전공으로 삼았습니다. 그렇기에 누가는 아볼로를 성경에 능한 사람이라고 기록할 수 있었던 것입니다. 우리는 그에게 축하를 보내며 목회를 맡아보는 특권을 가진 사람들에게 축하를 보냅니다. 설교자가 교회 조직에 능하게 되는 것, 교회 재정에 능하게 되는 것도 좋지만, 설교자에게 가장 좋은 것은 성경에 능하게 되는 것이며, 그러한 사람들은 언제나 가장 풍성한 목회를 했습니다. 존 번연(Bunyan)은 수백 만의 영혼을 하늘 도성으로 인도하였습니다. 그가 이처럼 할 수 있었던 것은 그가 알레고리의 천재였기 때문만이 아니라 그가 더욱 중요하게 성경에 능한 사람이었기 때문입니다.

아볼로는 진리에 대해 공손한 사람이었습니다. 그는 누구든지 유능하고 기꺼이 가르치고자 하는 사람에게서 열심히 배울 자세를 갖춘 사람이었습니다. 그것이 그로 하여금 훌륭한 자원의 낭비를 막고 양(量)에서 불충분하고 질(質)에서 빈약한 자원을 보충하게 해주었습니다. 그러므로 열심히 배우고자 하는 자는 가르침과 말씀 전파에 유능하게 될 수밖에 없습니다. 마음의 문을 닫는 것은 치명적인 단점이 됩니다. 여러 해 전에 저는 목회를 결심한 어떤 유망한 청년을 알게 되었습니다. 그의 교육 환경은 최상의 것이었고, 대학과 신학대학원에서의 그의 성적은 장래를 약속받기에 충분한 것이었습니다. 그러나 모든 훈련을 마치고 목회 현장에 나가게 되었을 때, 그는 마치 고난과 훈련의 시절이 다 끝난 사람처럼 보였습니다. 그는 성장하기를 멈추어 버린 것입니다. 결국 그는 발육 정지의 희생자가 되었으며, 자신에게는 물론이거니와 다른 사람들에게도 실망이 되었습니다.

하지만 아볼로는 달랐습니다. 그는 열성적인 마음과 정신을 간직한 사람이었고, 계속해서 배우고 성장했습니다. 더욱 칭찬할 만한 것은 그가 자신의 전문 분야에 대해서도 계속해서 배우고자 했다는 것이며, 능력 면이나 교양 면에서 자신보다 열등한 사람들로부터도 배우고자 했다는 것입니다. 확실히 아볼로는 보기 드문 사람임에는 틀림없었습니다. 제가 교회에 새로운 목사님을 초빙하는 위원회를 맡아 섬길 때, 저는 능력과 교양을 갖추고, 열심이 있으며, 열린 마음을 가진 성경중심의 설교자에 대해 심사숙고해야 했습니다. 만약 그 자리에 아볼로가 후보자로 있었다면 저는 심사숙고한 끝에 크게 안타까워하며 아볼로에게 반대표를 던졌을 것입니다. 아볼로가 한 가지 큰 결점을 가지고 있었기 때문입니다. 이 결점을 고치지 않은 채로 방치해 둔다면 그의 명석한 목회는 분명 실패를 가져올 수밖에 없을 것입니다.

아볼로에게 잘못된 것은 무엇일까요?

아볼로에게 잘못된 것은 무엇일까요? 그렇다고 그가 이단자(異端者)라는 말을 하려는 것은 결코 아니며, 그가 거칠고 어리석은 광신자(狂信者)라는 말은 더더욱 아닙니다. 아볼로는 잘못된 가르침을 받은 것은 아닙니다. 문제는 그가 아는 세례가 단지 요한의 세례뿐이었다는 데에 있습니다. 아볼로는 성령의 세례를 알지 못했습니다. 아볼로는 오순절에 동료 제자들이 경험했던 생명을 부여받고 변화되었던 그 경험에 들어가지 못했습니다. 이와 같이 그는 뒤늦었고 영적으로 시대에 완전히 뒤처지게 되었습니다. 아볼로는 단지 거기에 도달하지 못한 것입니다. 그는 실제로 그리스도인이 아니었습니다. 그러므로 아볼로는 당당한 그의 재능에도 불구하고, 칭찬할 만한 열성에도 불구하고, 그가 착수한 위대한 활동에 비해서 그 준비가 빈약할 수밖에 없었던 것입니다. 성령에 합당하지 않은 사람이라면 어떤 누구도 그리스도인의 삶과 하나님 나라의 건설을 위해서는 합당하지 못합니다.

이것이 우리 주님의 분명한 가르침입니다. "살리는 것은 영이니".(요 6:63) 베드로와 요한이 부활하신 주님을 본 이후에 얼마나 온전하게 변화되었습니까! 저들은 예수께서 지상에서 복음을 전하시던 시절에 그와 동행했습니다. 저들은 예수가 죽는 것을 보았으며 그의 무덤을 보았습니다. 그리고 그 무덤은 저들이 간절히 사모하던 소망의 무덤이었습니다. 베드로는 겁쟁이처럼 예수를 부인했기 때문에 쓰라린 마음으로 이 무덤을 찾았습니다. 그러나 새날이, 바로 부활주일(Easter Sunday)이 밝아왔습니다. 그리스도께서 부활하신 것입니다. 부활하신 주님은 예전과 동일하게 용서해주시는 구세주셨습니다. 베드로는 주님께서 특별한 메시지를 보내시고 개인적인 만남을 허락하시기 전까지 무덤 문을 열 수조차 없었습니다. 이와 같이 과거는 매장되었습니다. 이제 베드로는 놀라운 이야기를 전해야 합니다. 동료 제자들은 베드로의 메시지와 열정을 함께 나누었습니다. 그러나 예수께서는 아직은 때가 아니니 아버지 하나님의 약속을 기다리라고 말씀하셨습니다. "너희는 위로부터 능력을 입히울 때까지 이 성에 유하라."(눅 24:49)

놀라운 자격을 갖추었다고 주장하는 어느 누구도 아볼로에게 결여되었던 이와 같은 경험을 갖추지 않는다면 합당하지 못합니다. 우리는 예수의 초기 친구들의 특권을 때때로 생각하며 그리워하곤 합니다. 예수와 나란히 걸어가는 것, 예수의 손이 와 닿는 것을 느끼는 것, 예수 앞에 앉아 그의 음성에 매료되는 것은 얼마나 놀라운 일입니까! 예수께서 저들로부터 떠나실 예정이라는 것을 알았을 때 저들의 마음이 무너져 내렸다는 것은 결코 이상한 일이 아닙니다. 저들의 얼굴이 뜨겁고 쓰라린 눈물로 젖지 않고서는 공허하고 창백한 날을 생각할 수 없었다는 것도 결코 이상한 일이 아닙니다. 그러나 예수께서는 조용히 떠나시면서 자신이 떠나는 것이 저들을 위해 가장 좋은 일이라고 말씀하셨습니다. "내가 떠나가는 것이 너희에게 유익이라."(요 16:7) 내가 가는 것이 무한정 가까워지는 길이라고 말입니다. 믿을 수 없었지만 저들은 그것이 영광스러운 진실임을 깨닫게 됩니다. 저들은 오순절 이후에 그가 우리와 함께 하실 뿐만 아니라 우리 내면에 계실 것이라는 것을 깨달았습니다. 이제 그는 이전보다 더 복되게 더 가까이 그리고 실제로 존재하십니다.

"그가 …… 요한의 세례만 알 따름이라." 이 얼마나 치명적인 결함(缺陷)이며 비극적인 손실(損失)입니까! 왜냐하면 이것은 그가 예수에 관한 것은 전부 알고 있었지만 예수 그분 자체는 알지 못했다는 것을 의미하기 때문입니다. 아볼로는 예수에 관해서는 알았지만 예수가 어떤 분인지는 깨닫지 못했습니다. 아볼로는 바울처럼 "내가 …… 예수 우리 주를 보지 못하였느냐"(고전 9:1)고 말할 수 없었습니다. 아볼로는 바울처럼 흔들리지 않는 그리고 흔들릴 수 없는 확신을 가지고 "나의 의뢰한 자를 내가 알고 또한 나의 의탁한 것을 그날까지 저가 능히 지키실 줄을 확신함이라"(딤후 1:12)고 외칠 수 없었습니다. 그러므로 아볼로는 기독교의 가장 중요한 본질을 놓쳐버린 것입니다. 요한의 세례만을 앎으로써 영이 그리스도께 속한 것들을 취할 수 없었고, 저들에게 그리스도를 온전히 보여줄 수 없었습니다.

아볼로는 그리스도를 깨닫지 못함으로써 그리스도를 재현할 수 없었으며, 새로운 피조물이 되지 못했습니다. 아볼로는 성령으로 세례를 받은 사람이 말하는 것처럼 "이는 내게 사는 것이 그리스도니 죽는 것도 유익함이니라"(빌 1:21)라고 말할 수 없었습니다. 그는 또한 "내가 그리스도와 함께 십자가에 못 박혔나니 그런 즉 이제는 내가 산 것이 아니요 오직 내 안에 그리스도께서 사신 것이라"(갈 2:20)고 찬송할 수 없었습니다. 사람들은 아볼로에게서 그가 예수와 함께 했었다는 증거를 얻지 못했습니다. 그는 그리스도를 본받으려 했지만, 성령이 결여되었으므로 그리스도를 몸으로 입을 수 없었습니다. 오늘날의 수많은 사람들처럼, 성령의 능력으로만 할 수 있는 일을 그는 단지 육신의 에너지로 했을 뿐입니다.

이 애처로운 결점은 아볼로의 모든 목회에 영향을 미쳤습니다. 그것은 그의 인격적인 만남에 영향을 미쳤고, 그의 설교에 영향을 미쳤습니다. 그는 유창하고 설득력 있는 연사(演士)였습니다. 아볼로의 설교를 듣는 사람들은 누구든지 감동을 받았습니다. 저들은 의심할 여지없이 오싹한 즐거움을 느꼈을 것입니다. 저들은 그의 훌륭한 능력에 감탄해 마지 않았을 것입니다. 그러나 아볼로는 이 모든 것에도 불구하고, 그리스도께서 현존하신다는 감정을 그들에게 전달해주는 데에는 어느 정도 실패할 수밖에 없었습니다. 그는 저들의 침묵하며 두려워하는 심령 속에 "확실히 하나님께서 이 자리에 계신다"라고 말해주지 못했던 것입니다. 그러므로 아볼로는 놀라울 정도로 매력 있는 설교자이긴 했지만 능력 있는 설교자는 아니었습니다. 그는 말이 유창하고 열심을 다했지만 사람들에게 큰 유익을 주지는 못했습니다.

선택받은 성도들인 아굴라와 브리스길라가 아볼로에게 실망했다는 것은 분명합니다. 저들은 의심할 여지없이 아볼로가 에베소에 오기를 학수고대했습니다. 마침내 아볼로가 왔고, 저들은 큰 기대감을 갖고 예배에 참석했습니다. 그러나 저들은 설교에 무엇인가가 결여되어 있으며 문제가 있다는 것을 확신했습니다. 저들은 이 위대한 설교자가 목회에 실패할 것이라고 서글프게 생각했던 것입니다. 게다가 교회 밖에 있는 사람들에게도 성공하지 못할 것처럼 보였습니다. 바울이 에베소를 방문했을 때 이미 요한의 세례를 받은 열두 사람을 만난 적이 있습니다(참조, 행 19장). 하지만 우리는 그들이 아볼로를 통해 회심한 자들이었다고 말할 권리는 없습니다. 그러나 적어도 우리는 이렇게 말할 수는 있습니다. "그들은 아볼로가 회심하게 만들었다고 생각되는 개종자들이었다. 그러나 그들은 아볼로와 같이 성령의 세례에 대해서는 완전히 무지한 자들이었다."

그때로부터 수많은 세월이 흘렀습니다. 그리고 기독교가 온 세상에 전파되었습니다. 그러나 수많은 세기(世紀)가 지났음에도 불구하고 오늘날의 교회 속에 아볼로와 같이 시대에 뒤진 사람들이 너무나도 많이 있다는 사실에 대해 우리는 눈감을 수가 없습니다. 사실상 저는 이와 같이 저명한 목회자가 그가 속해 있던 시대의 사람들 가운데서가 아니라, 오늘날 성도들 속에서도 어떠한 문제의식도 갖지 않은 채 편안하게 살아가고 있을지도 모른다는 것을 우려합니다. 오늘날 교회의 가장 서글픈 결점이 아볼로가 겪었던 것에서 나왔다는 것이 저의 굳은 확신입니다. 우리에게는 아볼로의 능력과 교양이 필요하지만, 그밖에 더 중요한 어떤 것이 있어야 합니다. 오늘날 성도들의 최대 약점을 지적하라는 요청을 받는다면, 저는 생동적인 종교 체험의 결핍이라고 말할 것입니다. 만일 가르치는 능력의 최대 약점을 지적하라는 요청을 받는다면, 저는 마땅히 똑같은 답변을 해야 할 것입니다. 우리 목회에 대해 같은 질문을 받는다면, 문제는 '생동적인 종교체험의 결핍'이라는 단조로운 대답을 하는 것이 최선일 것입니다. 이러한 이유로 많은 사람들은 지쳐가고 괴로워하며 실망하게 되었습니다. 오직 성령의 능력으로 할 수 있는 일들을 그동안 우리는 보잘 것 없는 육신의 힘으로 할 수 있다고 고집하였기 때문입니다.

아볼로에게 비상출구가 있을까요?

아볼로를 위한 비상출구가 있을까요? 우리 자신을 위한 비상출구가 있을까요? 저는 이에 대해 긍정적으로 답을 할 수가 있으리라고 확신합니다.

아볼로를 보십시오. 그는 할 수 있는 최상의 설교를 했지만 기대에 어긋났습니다. 그러나 아굴라와 브리스길라는 그에게 설교자가 자격이 없다거나 더 이상 그의 설교에 경청할 필요가 없다는 등의 말을 남기지는 않았습니다. 만약 그들이 그렇게 말했더라면 그것은 설교자에게나 교회에게 모두 큰 상처가 되었을 것입니다. 대신 그들은 기지(機智)를 발휘했습니다. 그들은 아볼로를 집으로 불러 만찬에 초대했습니다. 식사가 끝나자, 저들은 하나님의 진리를 자세히 말하여 가르치기 시작했으며, 그것은 실로 놀라운 일이었습니다. 가르치는 자나 가르침을 받는 자들에게 칭찬하는 말을 많이 하기란 상당히 어렵다는 것을 잘 알고 계실 것입니다. 게다가 설교자를 가르치는 일은 확실히 민감한 문제일 수밖에 없습니다. 왜냐하면 우리는 감성적이기 때문입니다. 그러한 측면에서 보았을 때 이 재치 있는 교사들과 아볼로의 태도에 주목할 필요가 있습니다. 아볼로는 저들에게 자신의 학위증서나 여러 자격증을 내보이지 않았습니다. 대신 그는 어린아이와 같은 겸손함으로 그들의 가르침을 경청했습니다. 아볼로가 귀를 기울였을 때 그의 마음은 내면에서부터 뜨겁게 타올랐습니다. 아볼로는 실제적인 복음을 깨달은 것입니다.

그렇게 열심히 일했지만 실망스러울 정도의 성과를 낳았던 아볼로에게 그들이 구체적으로 어떠한 말을 했을까요? 저는 그것이 매우 궁금합니다. 아마도 저는 최근 오순절에 발생한 사건을 말했으리라고 추측합니다. 저들은 예수가 육신을 입고 계실 때 만났던 그 모습으로 지금 만날 수 있다는 것, 그가 다시 성령의 위격(位格)으로 오셨다는 것, 그가 자신을 영접하고자 하는 모든 이들에게 성령을 주신다는 것을 그에게 말했을 것입니다. 그리고 이러한 말을 덧붙였을 것입니다. "이것은 단순한 이론이 아닙니다. 그것은 경험으로부터 얻은 사실이며, 우리는 그것을 검증했고 참이라는 것을 알았습니다. 우리는 지금도 그것이 참이라고 알고 있습니다. 그는 살아 있는 실재(實在)로서 날마다, 매시간 우리와 함께 계신답니다."

그리고 이것이 바로 여러분과 제게 필요한 메시지가 아닐까요? 경건하게 되는 일은 우리에게 그리 쉬운 일은 아닐 것입니다. 그리스도와 같이 되고자 하는 노력에도 불구하고, 우리는 날마다 무지개 끝에 있는 전설에 나오는 황금 항아리를 찾는 데에 실패했다고 느낍니다. 영리한 안개의 요정(妖精)은 우리가 따라잡을 수 없을 만큼 재빠르게 도망쳐 버리는 것 같습니다. 그리고 우리에게 남은 것이라고는 찢어진 옷과 상처 난 발과 쓰라린 가슴뿐임을 발견하게 됩니다. 무엇이 잘못된 것일까요? 아마도 우리는 시몬 마구스(Simon Magus)가 범한 것과 같은 실수를 저지른 것 같습니다. 그는 이 귀한 은사를 값을 치르고 살 수 있다고 생각했습니다. 물론 우리는 그가 행한 것처럼 세속적인 돈을 바친 것은 아닙니다. 오히려 우리는 진지한 노력, 올바른 신조(信條), 엄격한 정통과 같은 것을 바쳤습니다. 그렇지 않다면 아마도 우리는 그 새로운 소식을 듣는 일에 실패했거나 단순히 영적으로 시대에 뒤진 사람들일 것입니다.

그런데 우리가 알아야 할 것은 영이 실제로 주어졌다는 것, 영이 돈을 주고 살 수 있는 축복이 아니라 받아들여야 하는 은사라는 것입니다. 예수께서는 오래 전에 그의 제자들에게 숨을 내쉬듯이 "성령을 받으라"(요 20:22)라고 말씀하셨습니다. 예수께서는 지금도 그렇게 말씀하고 계십니다. 이것이 복음의 핵심입니다. 사실상 그것이 정확하게 기독교 메시지를 복음으로 만드는 것입니다. 예수께서는 악한 자들처럼 감언이설로 우리의 생명을 빼앗지 않으십니다. 예수께서는 오직 성령으로 믿고 영접해야 할 분이십니다. 신약성경 전체가 우리에게 이 진리를 매우 자주 말해주고 있습니다. "베드로가 이 말 할 때에 성령이 말씀 듣는 모든 사람에게 내려오시니."(행 10:44) "이 사람들이 우리와 같이 성령을 받았으니."(행 10:47) "이에 두 사도가 저희에게 안수하매 성령을 받는지라."(행 8:17) 아볼로는 이 복음을 듣고 난 후 이를 믿고 받아들였습니다. 이와 같은 특권이 마찬가지로 우리의 것이 될 수 있습니다. "이 약속은 너희와 너희 자녀와 모든 먼데 사람 곧 주 우리 하나님이 얼마든지 부르시는 자들에게 하신 것이라."(행 2:39)

우리는 아볼로가 이러한 경험을 한 후 어떻게 변화되었는지에 관해서는 아는 바가 별로 없습니다. 그러나 그의 목회가 새로운 기쁨과 능력을 입게 되었다는 것을 확신할 수는 있으실 것입니다. 그로부터 얼마 후에 고린도에 나타난 그의 모습은 언뜻 볼 수 있습니다. 우리는 아볼로에 관하여 "은혜로 말미암아 믿은 자들에게 많은 유익을 주니"(행 18:27)라는 기록을 보게 됩니다. 이 얼마나 분명한 말씀입니까! 과거에 아볼로는 학식 있고 열성적이며 말이 유창한 설교자였습니다. 하지만 이제 그는 유익을 주는 설교자가 되었습니다. 그것이 훨씬 더 좋은 것입니다. 놀라운 것은 우리가 강단에서 설교하든지 아니면 신도 좌석에 있든지 간에, 이것이 우리 모두에게 열려 있는 목회의 유형이라는 것입니다. 우리가 모두 학식이 있거나 언변(言辯)에 유창할 수는 없으나, 아볼로의 경험을 함께 나눔으로써 많은 유익을 얻을 수 있습니다. 이것은 예수께서 몸소 전하신 확실한 말씀입니다. "누구든지 목마르거든 내게로 와서 마시라. 나를 믿는 자는 성경에 이름과 같이 그 배에서 생수의 강이 흘러나리라."(요 7:37-38)

세상에 오신 성령

조지 캠벨 모건(G. Campbell Morgan, 1863~1945)은 영국 침례교 전도자의 아들로 태어나 13세가 되었을 때 처음 말씀을 전파하기 시작하였다. 목회를 위한 공식적인 훈련을 받지는 못했지만, 지칠 줄 모르고 성경연구에 전념함으로써 당대의 지도적인 성경 교사들 가운데 한 사람이 되었다. 감리교에서 거부당한 그는 회중 교회에서 목사 안수를 받았다. 그는 노스필드 성경 사경회에서 순회 중이던 교사 드와이트 무디(Dwight L. Moody)와 친분을 갖게 되었으며, 런던 웨스트민스터 채플의 목사(Westminster Chapel, 1904~1917, 1933~1945)로서 널리 알려지게 되었다. 그리고 그곳에서 두 번째 재임 중에 마틴 로이드-존스 박사(Dr. D. Martyn Lloyd-Jones)를 부목으로 두게 되었다.

모건은 60여 권의 단행본과 소책자를 펴냈고, 이 설교는 『웨스트민스터 강단 *The Westminster Pulpit*』(Hodder and Stoughton) 6권에 포함되어 있다.

6

캠벨 모건(G. Campbell Morgan)

세상에 오신 성령

"하나님이 오른손으로 예수를 높이시매 그가 약속하신 성령을 아버지께 받아서 너희 보고 듣는 이것을 부어 주셨느니라."(사도행전 2:33)

기독교에서 최고의 신용증명서는 기독교(Christianity) 자체입니다. 모든 기적들 가운데서 가장 큰 기적도 기독교(Christianity) 자체입니다. 논란의 여지가 없는 두 가지의 역사적 사실이 있습니다. 첫째로는 예수의 죽음이고, 둘째로는 예수의 교회입니다. 그것을 다른 방식으로 말씀드리자면, 역사는 죽음으로부터 생명이 왔다는 사실을 증명하고, 예수의 죽음 후에 인류에게는 새로운 인간질서, 새로운 사회질서, 새로운 이상(理想), 새로운 자극, 새로운 힘이 생겨나기 시작했다는 사실을 증명하는 것입니다. 그리고 바로 그것이 최고의 기적입니다. 우리는 주님의 십자가를 회상합니다. 우리는 아브라함에 대해서 말하는 「히브리서」 기자처럼 그리스도에 관하여 "죽은 것이나 다름없을 뿐만 아니라 실제로 죽은 자가 여기에 있다"라고 공손하지만 단호하게 말할 수 있습니다. 그럼에도 불구하고 그는 그리스도의 사상, 그리스도의 가르침, 그리스도 자신의 온전함과 영원함을 지향하는 인류의 운동을 인도하고 다스리십니다. 그것이 최고의 기적이며, 모든 기적들 중의 최대의 것입니다.

최고의 역사적 보고서인 신약성경에 관심을 돌려 우리 주님의 부활과 승천 후에 생긴 기독교 운동의 시작에 관한 기사를 읽어본다면, 우리는 그 운동이 가져온 승리의 비밀을 깨닫게 될 것입니다. 우리는 「사도행전」 2장에서 부활과 승천에 뒤이어 오는 첫 번째 성령의 불꽃, 첫 번째 능력의 전율에 관한 보도를 통해, 그 기사가 언제나 황홀함으로 가득 차 있음을 발견할 수 있습니다. 우리는 그 전율과 권능을 느끼지 않고서는 결단코 이 장을 넘길 수가 없습니다. 이는 사도 시대에 제시되고 나타난 이상(理想)들이 영속적인 호소력의 근거를 형성하는 것 같습니다. 왜냐하면 「사도행전」은 승리에 관한 책인 동시에 분명 실패를 계시한 책이기도 하기 때문입니다. 그 사실로부터 위로를 찾는 것이 얼마나 지혜로운 일인지는 잘 모르겠습니다. 하지만 저는 제 자신의 심령이 그에 의해 계속 위로를 받는다는 것을 깨닫게 됩니다. 기독교 교회의 실패에 대해 탄식하고 한탄하는 요즈음에 처음으로 돌아가 본 저는 그곳에서 여전히 같은 이야기를 발견하게 됩니다.

성령강림절에 나타났던 것이 지금도 여전히 살아 있습니다. 그러므로 우리는 새로운 성령강림절을 구할 필요가 없습니다. 아니 오히려 새로운 성령강림절은 있을 수 없습니다. 성령강림절은 하나님의 영이 당신의 교회를 만드시고 그곳에 함께 계시기 위하여 오신 절기(節氣)입니다. 그때부터 하나님의 영이 우리의 곁을 떠난 적은 결코 없으십니다. 우리가 모인 이 장소도 하나님의 성령이 예루살렘의 다락방에 임하신 것과 동일하게 하나님의 성령의 함께 하심과 그 권능으로 가득 차 있습니다. 강한 바람이 불어오는 소리를 듣지 못할지도 모릅니다. 하지만 성령께서는 성부 하나님께로부터 나와 성자이신 그리스도를 통하여 믿는 자들의 삶 속으로 들어오십니다. 이것은 모든 육신에게 부어주신 영과 동일한 영이십니다.

그런데 우리는 다음과 같은 질문을 받을지도 모릅니다. 그럼에도 불구하고 우리가 실패하는 것은 무엇 때문일까요? 어찌하여 우리는 그와 같은 경험을 하지 못하는 것일까요? 이러한 질문에는 두 가지의 답을 하여야 할 것입니다. 첫째로, 지속되지 않는 오순절 당시의 고유한 경험이 있을 것입니다. 그 당시에 필요한 것들은 이미 지나가버렸습니다. 하지만 영적인 사실들은 지나가지 않았습니다. 우리는 강한 바람이 불어오는 소리를 구하는 것이 아닙니다. 성령강림의 능력을 영적으로 이해한다면 우리는 성도들의 머리 위에 임한 불의 혀를 구하는 것은 아닐 것입니다. 둘째로, 우리는 능력 자체를 구해야 하며 이 사람들에게 임한 황홀경과 기쁨으로 충만하게 한 경험, 저들의 얼굴을 빛나게 하고 예전에는 결코 부를 수 없었던 찬송을 부르게 한 경험에 대해 알게 되기를 진지하게 사모합니다. 우리는 옛 시절에 널리 행해졌던 예언능력의 비밀, 사람들을 강권하여 주 예수께 복종하게 하는 능력의 비밀을 간절히 알고자 합니다. 성령강림의 능력을 확실히 알기 위하여 우리는 그 법칙을 찾아내야 합니다.

기독교 교회의 첫 번째 상징은 불의 혀입니다. 부어진 성령의 첫 번째 경험은 생명의 충만함과 기쁨의 충만함입니다. 이러한 생명의 충만함과 기쁨의 충만함이 여러 방언이라는 신기한 방식 - 저는 이것을 기묘한 방식이라고 말하겠습니다 - 으로 표현되었습니다. 혀는 사람들에게 설교하거나 예언할 수 있도록 주어진 은사(恩賜)가 아닙니다. 그것은 찬양하게 하는 은사입니다. 기독교 교회의 첫 번째 기능은 찬양하는 것입니다. 기독교 제사장 직분의 첫 번째 임무는 성례전이며, 감사와 찬양의 제물을 드리는 것입니다. 생명의 영이 이 사람들에게 임했을 때 저들의 눈이 뜨여졌습니다. 저들은 전에는 결코 볼 수 없었던 것들을 이제는 보게 되었습니다. 전에는 그리스도와 하나님에 대해 결코 이해할 수 없었지만 이제는 이해할 수 있게 되었습니다. 저들의 혀에서 나오는 말을 들은 많은 사람들에게 전능한 일을 보여주었습니다. 저들은 찬양을 바치는 제사장 무리가 되었습니다. 생명의 충만함 속에는 기쁨의 충만함이 있었습니다. 그리고 저들로부터 하나님의 이름을 찬미하고 하나님을 찬양하는 소리가 널리 퍼졌습니다.

예루살렘 도성(都城)이 느낀 교회에 대한 첫인상은 정신적 사로잡힘에 관한 것이었습니다. 저들은 곰곰이 생각하지 않을 수 없었습니다. 그리고 그것은 정신적 패배라는 느낌이었습니다. 그러나 저들은 설명할 수 없었습니다. 왜냐하면 그것은 영적 활동에 관한 것이었기 때문입니다. 전도자로 말미암은 것이 아니라 성령으로 충만한 교회로 말미암아 예루살렘 도성이 사로잡혔습니다. 큰 기쁨과 큰 감격과 찬양 속에서 그 생명의 충만함을 나타내는 저 교회가 기독교 전도자에게 예수의 기쁜 소식을 선포할 기회를 만들어 준 것입니다.

성령의 능력에서 나온 첫 번째 활동은 베드로의 설교였습니다. 그 짜임새를 관찰해 보도록 하겠습니다. 예루살렘 사람들의 물음은 다음과 같은 것이었습니다. "이 어찐 일이냐."(행 2:12) 이에 베드로는 "이 일을 너희로 알게 할 것이니 내 말에 귀를 기울이라"(14절)며, 자세한 설명을 해주었고 그 중심적인 선포(宣布)는 이러했습니다. "이는 곧 선지자 요엘로 말씀하신 것이니."(16절) 그 설교는 "하나님이 가라사대 말세에 **내가 내** 영으로 모든 육체에게 부어 주리니"(행 2:17)라는 본문말씀에서 절정을 이루었습니다. 즉 사람들이 "**이** 어찐 일이냐?"라는 물음에 베드로는 "너희에게 **이** 일을 알게 할 것이니 …… 그것은 **이것**이다. …… 하나님이 **이** 영을 부어주셨다"라는 말씀을 증거한 것입니다(영어 this에 해당하는 **이, 내, 이것**은 캠벨 모건이 강조하여 말한 것이다 — 역자 주).

이제부터는 베드로의 마지막 말에 우리의 관심을 돌려 보겠습니다. 그로부터 우리는 첫째로 오순절 세례와 그리스도의 관계를, 둘째로 세상을 위한 오순절 세례의 의미를 알게 될 것입니다.

오순절 세례와 그리스도의 관계

무엇보다도 먼저 베드로는 오순절 세례와 그리스도의 관계를 가장 분명하게 선포합니다. 베드로는 요엘의 예언을 인용하고, 그들이 본 표징과 저들이 경험하는 상황이 예언의 성취였다는 것을 선포한 후에, "이스라엘 사람들아 이 말을 들으라"(22절)며 다시금 청중들의 관심을 사로잡고 있습니다. 그런 후에 순서에 따라 예수에 관한 이야기를 합니다. 첫째로, 그의 이름은 주님, 나사렛 예수라고 일컬어집니다. 이는 가장 친숙한 것으로 제자들이 사랑을 품은 채 사용했고 다른 사람들은 경멸의 의미로 사용했던 이름입니다. 둘째로, 베드로는 "하나님께 …… 너희 앞에서 그를 증거하셨느니라"(22절)고 말하면서 예수의 성품이 완전하게 드러난 기적의 증거를 선언합니다. 하나님께서 인정하신 사람이 아니라, 하나님께서 "큰 권능과 기사와 표적"(22절)을 베푸시면서 증거하신 사람입니다. 하나님께서 행하신 것이 아니라, "너희도 아는 바에 하나님께서 나사렛 예수로 …… 너희 가운데 베푸신"(22절) 것이라는 말입니다. 큰 권능과 기사와 표적은 그리스도의 인성(人性)의 절대적인 완전하심을 통하여 하나님께서 행하신 일이십니다. 그리고 베드로는 즉시 이 사람들이 알고 있는 마지막 사실을 말합니다. "그가"—어느 누구도 확실히 그가 누구인지를 이해할 수 없었다—"하나님의 정하신 뜻과 미리 아신대로 내어 준바 되었거늘 …… 너희가 법 없는 자들의 손을 빌어 못 박아 죽였으나."(23절)

사도 베드로는 이러한 말로 사람들을 불러모았습니다. 사람들이 예수에 관하여 알고 있었던 것 가운데서 가장 분명한 것은 나사렛 예수가 하나님이 큰 권능과 기사(奇事)와 이적(異蹟)을 베푸시며 증거가 된 사람, 십자가에 달려 죽은 사람이라는 것입니다. 그의 말을 경청한 사람들은 이러한 자신의 지식을 넘어설 수는 없었을 것입니다.

이에 비해 사도 베드로는 말해야 할 것이 무척 많았습니다. 베드로는 이들이 이해할 수 없었던 영적인 무게를 갖고서 예수의 공생애를 함께 했습니다. 영원과의 관계에서 시간이라는 용어를 사용해도 좋다면, 저는 이렇게 말하고 싶습니다. 베드로는 십자가로 끝난 사건을 저들에게 말했고 예수의 발자취의 종말을 저들에게 말해 주었습니다. "이 예수를 하나님이 살리신지라."(32절) **"하나님이 오른손으로 예수를 높이시매 그가 약속하신 성령을 아버지께 받아서 너희 보고 듣는 이것을 부어 주셨느니라."**(33절) 베드로는 이들에게 생명의 충만함을 전해 준 것입니다. 그것이 찬양으로 표현되었고, 도성을 사로잡아 놀라게 했으며 중대한 것으로 받아들이게 했던 것입니다.

그 기사를 읽을 때마다 우리는 은혜와 죄 사이의 갈등이 분명하게 나타난다는 것을 발견하게 됩니다. 하나님의 활동은 자애로운 의도를 가지신 반면에 인간의 활동은 종종 하나님께 적대적인 의도를 보이곤 합니다. 이 놀라운 성경구절에서 주님의 선교 과정을 주목해 본다면, 우리는 한편으로는 죄, 다른 한편으로는 은혜 사이의 영속적인 갈등의 중심에 서 계시는 그를 보게 될 것입니다.

죄의 운동에 주목해보시기 바랍니다. 죄는 우선 예수의 생명이라는 계시 앞에서 그 맹목성이 표현되었습니다. 그리스도의 말씀과 그의 업적을 통해 진리를 증언하고, 그리스도 자신이 행한 기사(奇事)들로 인해 하나님에 의한 증거함을 받았습니다. 그러나 사람들은 눈이 멀어 이를 보지도 못하고 깨닫지도 못합니다. 저들은 자신의 눈을 멀게 하고, 자신의 마음을 강퍅하게 했으면서도 오히려 더욱 집요하게 하나님에 대한 명백한 적대감을 확대시켜 나갔습니다. 죄는 십자가에서 최종적으로 그 모습을 드러내게 됩니다. 죄는 십자가에서 그리스도의 왕 되심을 거부했습니다. 저 십자가는 예수님의 영적인 잉태에 대한, 준엄하고 놀라운 도덕적인 요구에 대한, 용서와 은혜의 약속에 대한, 말씀하신 모든 것에 대한 인간의 응답입니다. 예수 그리스도의 십자가는 인간 죄의 중심이며 최종 결과인 것입니다.

바로 그 순간에 가장 악독한 죄가 저질러졌습니다. 죄가 영광의 주님을 십자가에 못박았고 그의 몸을 무덤에 누이게 했습니다. 죄를 범한 인간은 더 이상 할 일이 없어져 버렸습니다. 무기력하게 된 것입니다. 죽은 사람의 몸이 부활할지도 모른다고 생각하는 것이 조잡한 미신(迷信)이라고 경멸하는 것 이외에는 좀처럼 다른 감정을 가질 수 없게 되어버린 것입니다.

이제 은혜의 활동을 관찰해보시기 바랍니다. 예수의 삶 속에서 은혜가 하나님을 계시했고 인간에 대해 관심을 가지시는 하나님의 뜻을 계시했습니다. 예수의 삶을 통하여 하나님께서는 인간을 부르시어 그 자신에게 되돌아오게 하셨습니다. 십자가는 어떤 것입니까? 죄가 거기에서 승리를 얻었습니까? 그리고 결국 은혜가 패배했나요? 하나님의 의도가 패배를 당한 것일까요? 그 선포의 말씀 속에서 우리는 다음과 같은 흥미로운 부분을 발견하게 됩니다. "그가 하나님의 정하신 뜻과 미리 아신대로 내어 준바 되었거늘."(23절) 어느 누구도 성령강림절이 오기까지 그와 같은 십자가를 알지 못했습니다. 어느 누구도 부활의 빛에서 회상해보지 않고서는 그와 같은 십자가를 보지 못했습니다. 그러나 베드로와 다른 제자들은 부활의 빛을 통하여 성령의 빛 속에서 회상해봄으로써 미리 정하신 사랑의 십자가에서 활동하시는 하나님을 보았고, 우리를 당황케 하는 신비 속에, 우리가 들어갈 수 없는 어둠 속에, 그 중심의 빛에서 접근할 수 없는 어둠 속에 있는 죄를 정복했습니다. 하나님께서는 십자가의 신비 속에서 궁극적으로 죄를 다루시기 위해, 죄에 대해 승리하시기 위해 나타나셨습니다.

우리는 이제 사도 베드로의 설교의 다음 단계를 밟아보겠습니다. 주님께서는 승리를 얻었고 죽은 자들 가운데서 부활하시어 높임을 받으셨습니다. 그리고 승천이 뒤따랐습니다. 우리가 커다란 존경심을 안고 하늘 처소의 빛과 영광 속으로 나사렛 사람을 따라가는 것처럼, 성령께서는 베드로를 통하여 우리의 이해를 완전히 초월하는 말씀으로 저 거룩한 시간의 활동을 해석해 주십니다. **"하나님이 오른손으로 예수를 높이시매 그가 약속하신 성령을 아버지께 받아서 너희 보고 듣는 이것을 부어 주셨느니라"**(33절)는 선언은 하늘 처소의 빛 속으로 주님을 따라갈 때, 그리스도께서 대표자로 들어가셨다는 것을 깨달을 때에만 이해될 수 있다는 것입니다. 그 순간에 인간은 하나님께로 되돌아왔고, 하나님께서는 그리스도 안에서 인간에게 되돌아오셨습니다. 그리스도께서는 그가 입은 상처의 신비로 말미암아 그를 믿는 모든 성도들에게 성령을 주시겠다고 말씀하셨습니다. 그리스도께서는 그의 죄 없으신 인성(人性)의 권리에 의해서가 아니라 그의 고난의 권리에 의해 성령을 요구하셨던 것입니다. 그리스도께서는 자신을 위해서 성령을 요구하신 것이 아닙니다. 그리스도께서 세상 속에서 행했던 모든 역사가 사실은 성령과의 친교의 역사가 아니었던가요? 그리스도께서는 성령으로 태어나서 성령의 세례를 받고 성령의 능력 안에서 공생애를 시작하셨습니다. 그리스도께서는 영원하신 성령을 통하여 위대한 고난의 신비 속에서 자신을 하나님께 바친 것이 아니신가요? 이제 부활하시고 승천하신 주님은 바로 그 고난을 통해 하나님 앞으로 가서서 남겨둔 사람들의 대표자로서 성령을 받으신 것입니다. 이 신비를 상징적인 언어로 표현하자면 아버지께서 그리스도에게 성령을 주셨을 때, 하나님께서는 저들을 위해 다치고 상처를 입은 자들을 대표하는 분으로서의 성령을 그리스도에게 주신 것입니다. 그 자리에서 그리스도께서는 십자가의 신비를 취하고 십자가로써 죄를 이기셨습니다. 그리스도께서는 인류의 구세주로서 인류를 대표하십니다. 우리는 이제 최종적인 말씀에 도달합니다. "**그가 …… 이것을 부어주셨느니라.**"(33절)

이와 같이 오순절에 예수님께서 행한 기도에 대한 응답으로써 성령이 임했습니다. 성령은 저들의 기도에 대한 응답으로나 저들의 복종에 대한 응답으로 임한 것이 아니고 전적으로 하늘 처소에서 그리스도께서 몸소 드린 간청에 대한 응답으로 임한 것입니다. 상처를 입은 자가 그 갈등에 관한 이야기를 말해줍니다. 그의 현존이 그의 승리의 사실을 선포합니다. 이와 같이 성령이 성자를 통하여 주어졌습니다. 그러므로 성부 하나님께서 절대적인 동질성(同質性)의 삶 속에서 성자와 하나가 되셨으며, 궁극적으로 성자와 같이 되신 것입니다.

만일 우리가 성령을 받았다면 우리는 이를 성부 하나님으로부터, 성자 그리스도를 통해서 받은 것입니다. 만일 그리스도의 이름을 부르는 우리가 그의 성령을 받는다면 그것은 우리의 기도에 대한 응답이나 우리가 드리는 어떤 희생제사에 대한 보답으로 받은 것이 아니라, 성자로 말미암은 것입니다. 이 모든 것이 우리가 오순절 성령의 은사로 충만하게 되는 조건일 것입니다. 오순절 성령의 은사는 성도들을 주님과 하나 되게 하시고, 주님의 생명이 저들 내면에 지배적으로 나타나도록 저들과 함께 거하며 저들을 통하여 주님의 권능을 나타내게 해주십니다. 오순절 성령의 은사는 주님께서 행하신 기도에 대한 응답, 주님께서 행하신 결과로 주어지는 것입니다.

세상에 주어진 오순절 세례의 의미

그렇다면 이 세상에 주어진 오순절 세례의 의미는 무엇이고 그 가치는 무엇일까요? 그것은 그리스도를 믿는 하나님의 교회에 대한 창조행위였습니다. 저는 조심스럽게 **'그리스도를 믿는 하나님의 교회**(the Christian Church of God)'라는 말을 사용했습니다. 여러분들은 하나님의 교회라는 말을 원하시겠지만, 어떤 의미에서 하나님의 교회는 이 말이 사용되기 전에 이미 존재했었습니다. 우리는 「사도행전」 7장에서 광야에 있는 교회, 즉 광야에 있는 **에클레시아**(ecclesia), 회중, 모임에 대해 이미 들었습니다. 그렇지만 이는 사실 그리스도를 믿는 하나님의 교회였습니다. 그리스도의 교회라는 말이 신약성경에서 오직 단 한 번만이 사용되었다는 사실은 참으로 흥미롭습니다. 그리고 그 말은 한 사도가 지역교회를 말할 때 사용되었습니다. 이 하나님의 교회, 그리스도를 믿는 하나님의 교회는 새로운 실체, 새로운 나라, 새로운 백성을 의미합니다. 오순절에 탄생한 이 하나님의 교회와 그 이전에 존재했던 하나님의 교회 사이에는 극히 중대한 차이가 있습니다. 그러나 지금 그 차이점에 계속 주목할 필요는 없습니다. 각각의 사도들이 주님과 연합된 삶을, 서로 함께 연합된 삶을 시작하는 그 순간에 그리스도를 믿는 교회는 탄생한 것입니다.

그러나 통틀어서 생각해 볼 때 세상에 있는 교회란 무엇을 의미할까요? 그것은 하나님을 찬양하는 집회, 하나님께 기도하는 집회, 하나님의 예언 집회를 말합니다.

모든 교회는 무엇보다도 먼저 하나님을 찬양하기 위해서 만들어진 기관들입니다.

"너희는 택하신 족속이요 왕 같은 제사장들이요 거룩한 나라요 그의 소유된 백성이니 이는 너희를 어두운데서 불러 내어 그의 기이한 빛에 들어가게 하신 자의 아름다운 덕을 선전하게 하려 하심이라."(벧전 2:9) 교회의 제일가는 목적은 하나님을 찬양하는 것입니다. 저는 우리에게 필요한 것이 그리스도인의 삶의 단순하지만 첫째가는 소임이 찬양의 삶이라는 것을 기억하는 것이라고 생각합니다. 자, 보다 더 큰 관점으로 바라보도록 합시다. 그리스도인 교회는 하나님을 찬양함으로써 하나님을 드러내기 위해서, 하나님을 알지 못하는 사람들에게 알리기 위하여 존재합니다. 그때 하나님을 알지 못하던 사람들은 그 계시 앞에서 두려움과 기이함과 놀라움으로 채워질 것입니다. 그리스도인 교회는 저들에게 하나님을, 그분께서 인류를 이끄실 것임을 알리기 위해서 존재합니다. 그 선포를 받아들일 준비가 되어 있는지 아닌지는 경험에 달려 있습니다. 세상 사람들은 하나님의 백성들을 통하여 하나님이 저들에게 계시될 때에만 하나님을 알 수 있습니다. 이처럼 하나님의 말씀은 구체적인 육신을 입을 때에만 능력을 발휘할 수 있는 것입니다. 그리고 그것이 우리 거룩한 종교의 중심적인 의미에서의 신비로움이 아닐까요? 예수께서 베들레헴에서 탄생했을 때보다 하나님께서 인류에게 더 가까이 오신 적은 없었습니다. 하나님께서 우리의 눈에 직접 보이도록 오셨고 나타나셨습니다. 예수 그리스도의 교회와 비례하여 그리스도의 삶이 재현되며, 하나님이 새롭게 계시됩니다. 우리의 첫 번째 임무는 하나님을 찬양하는 것, 입술과 삶으로 하나님을 찬양하는 것, 우리가 부르는 찬송으로 하나님을 찬양하는 것, 할렐루야를 외치는 것입니다. 하나님께서 존재하신다는 사실과 하나님께서 우리를 사랑하신다는 사실을 선포하는 우리의 지속적인 증언으로, 우리의 모든 삶의 관습으로, 하나님을 찬양하는 것입니다. 그것이 교회가 낳은 첫 번째 결과였습니다. 제자들의 눈에 생명이 넘치고 밝은 빛이 반짝이며 저들의 입에서 찬송이 울려 퍼질 때, 저들은 하나님의 놀라운 일을 찬양했고, 도성은 귀를 기울이지 않을 수 없었습니다. 오순절의 때에 하나님께서는 그리스도를 통하여 성령을 오게 하심으로써 그 자신의 찬양과 영광을 위한 백성과 찬양과 감사의 나라를 창조하신 것입니다. 성령강림절이 우리의 삶을 기쁨으로 충만하게 하지 않고 우리를 찬양으로 충만한 백성으로 만들지 않았다면, 우리는 서글프게도 실패했을 것입니다. 그러므로 그리스도인 교회의 첫 번째 기능은 마땅히 하나님을 찬양하는 것입니다.

더욱이 그 시간에 **하나님께서는 세상 속에 위대한 기도의 기관을 만들어놓으셨습니다.** 왜냐하면 제사장의 역할이 성례전일 뿐만 아니라, 중보의 기도를 드리는 것이기도 하기 때문입니다. 성령께서 오심으로 말미암아 하나님께서는 사람들로 하여금 기도할 수 있게 해주셨습니다. 확실히 이것은 사도 바울이 「로마서」에서 탄식하며 해산하는 고통을 겪는 피조물에 대해 말했을 때, 고통 중에 탄식하는 피조물 가운데 있는 교회에 대해서 말했을 때 전하고자 한 것이었습니다. 그리고 마침내 사도 바울은 "성령이 말할 수 없는 탄식으로 우리를 위하여 친히 간구하시느니라"(롬 8:26)고 선언했습니다. 피조물의 고통을 이해하시는 하나님의 영은 그로 인해 탄식하십니다. 인류의 고뇌로 말미암아 하나님의 마음 한 가운데에 슬픔이 생기시는 것입니다. 백성들의 무리 안에 거하시는 성령께서 피조물의 고뇌를 옮겨 주십니다. 이에 저들은 세상의 모든 고난에 대해 새로운 동정의 공감대를 갖게 되는 것입니다. 이와 같이 탄식하는 피조물 한 가운데서 저들은 기도의 기관을 형성합니다. 어떤 사람도 성령께서 세상 고뇌를 그에게 풀어주지 않는 한 세상을 위하여 기도할 수는 없습니다. 세상을 등짐으로써가 아니라, 수도원의 제도 속으로 숨어버림으로써가 아니라, 나 자신의 영적 삶을 발전시키려고 노력함으로써가 아니라 세상 고뇌를 짊어짐으로써 세상을 위해 기도할 수 있는 것입니다. 그러나 저는 날마다 바쁘게 살아가기 때문에, 하나님의 영이 저를 세상 고뇌와 고통의 가장 깊은 비밀로 인도하시기 때문에 이를 만병통치약으로 치료할 수 있는 질병으로 보지 않습니다. 그렇지만 마음의 큰 괴로움에는 보혈(寶血)과 희생이 필요하기에 저는 기도할 수 있습니다. 믿는 사람들의 마음속에 성령이 세상 고뇌의 의미를 계시해 주심으로써 저들은 기도할 수 있습니다. 이처럼 하나님의 경륜 속에서 하나님의 교회는 기도의 기관으로 만들어졌습니다.

이에 더 나아가 **교회는 찬양과 기도를 위해서만이 아니라 예언을 위해서도 만들어졌습니다.** 즉 교회는 말씀 선포(宣布)를 위해서 만들어진 것입니다. 성도들이 입술과 삶으로 찬양하듯, 바로 그 입술과 삶으로 말씀을 전해야 합니다. 이 사람들을 주님과 연합되게 하고 고아 됨을 소멸시키려 부활하고 승천하신 그리스도, 살아계시는 밝은 존재와의 거리감을 없애기 위하여 성령께서 오셨습니다. 성령께서 그렇게 하심으로써 주님과 끊임없는 교제를 갖는 이 사람들로 하여금 주님에 대해 말할 수 있게 하셨습니다. 성령께서 그렇게 하심으로써 저들로 하여금 곡조와 심정과 말과 모든 삶으로 주님을 드러낼 수 있게 하셨습니다. 성령께서는 저들로 하여금 감독이나 주교나 집사들의 경우에서만이 아니라, 그리스도의 지체 모두를 나사렛 예수의 완전한 인간성 속으로 연합하시기 위하여, 설교와 삶에 의해 하나님의 영광을 드러내고 그의 위대하신 복음의 능력을 선포하게 하기 위해 오셨습니다.

결론적으로, 오순절의 이 권능의 소유가 그리스도와 어떤 관계를 맺느냐에 달려 있음을 인정하시기 바랍니다. 베드로가 전한 우리 주님의 역정(歷程)에 대한 묘사를 통해 우리는 그것을 죄와 은혜 사이의 갈등으로 이해했습니다. 그리고 이에 대한 우리의 질문은 이것입니다. 그러한 갈등 속에서 우리는 어느 편에 서 있을까요? 우리는 하나님의 뜻에 반대되는 죄에 맞서기 위하여 하나님의 은혜 속에서 참된 교제를 나누고 있을까요? 아니면 우리는 이러한 생명의 계시에, 그리스도의 요구에 복종하기를 거부하고 있는 것일까요? 이러한 질문은 큰 모임에서보다는 개인의 사적인 영역에서만 응답될 수 있습니다.

어쩌면 그 질문은 다른 방식으로 표현될 수도 있을 것입니다. 이제 그것을 개인에게 질문해보도록 합시다. 우리가 끼친 영향력은 무엇일까요? 이에 대한 대답은 우리가 그리스도의 영을 가지고 있는지 갖고 있지 않은지에 대한 답일 것입니다. "누구든지 그리스도의 영이 없으면 그리스도의 사람이 아니라."(롬 8:9) 만일 어떤 사람이 하나님의 뜻에는 장님과 같은 삶을, 하나님의 뜻에 거역하는 반역의 삶을, 실제 삶에서 그리스도께 면류관을 드리기를 거부하고 있다면 그것은 그에게 있어 하나님의 영이 결여되어 있다는 사실에 대한 명백한 증거일 것입니다. 다른 한편, 우리가 그 영광을 보았다는 것을 의식할 수 있을까요? 우리가 그리스도께 면류관을 씌워드렸다는 것을 의식할 수 있습니까? 가장 깊은 마음의 열정과 삶으로 그리스도께 면류관을 씌워드리고 다른 사람들에게 그를 알렸다는 것을 의식할 수 있습니까? 그렇다면 우리는 평안하게 되고, 그 표징으로 하나님의 영이 우리에게 주어졌다는 것을 알게 될 것입니다. 우리가 성령의 충만함과 성령의 특권을 누리며 살아갈 수 있느냐 없느냐에 관한 질문은 다른 질문입니다. 우리에게 가장 큰 관심꺼리는 바로 이것입니다. 우리는 그리스도의 이름을 입술과 삶으로 찬양하는 목사들일까요? 우리는 세상의 고뇌 한 가운데에서도 성공하는 기도의 비밀을 알까요? 우리는 우리의 말과 행위로 복음을 선포하고 있을까요? 그렇지 않다면, 이제 우리의 마음을 살펴보고, 우리 스스로 속이는 자들이 아닌지, 하나님의 영을 결여하고 있지는 않은지를 관찰해보도록 합시다. 성령께서 임하시면 우리는 찬양하고, 기도하며, 예언하기 위해 필요한 모든 권능을 받게 될 것입니다. 성령께서는 살아계신 주님을 믿는 우리의 믿음에 응답하러 오십니다. 믿음의 태도가 유지되는 것에 응답하여 성령이 끊임없이 임하고 나아오시며 부어주시고 채우시며, 넘치도록 채워주십니다.

우리가 찬양하는 이 같은 사실들에 몰두하지 않는다면 축제일의 찬양함은 어느 누구에게서도 어떠한 유익도 주어지지 않을 것입니다. 우리의 삶과 예배 속에서 이루어진 주님과의 연합이 오직 성령의 임재와 성령의 능력에 의해서만 이루어질 수 있다는 것을 깨닫기를 바랍니다. 그리고 성령의 능력이 우리의 것이 되기를 바랍니다.

신자들에게 임하신 성령

찰스 시므온(Charles Simeon, 1759~1836)은 1783년에 영국 교회에서 성직 안수를 받았다. 그는 죽을 때까지 캠브리지 성 삼위일체 교회(Church of the Holy Trinity)에서 목회를 했는데, 이 교회들은 그로 인해 복음적인 설교, 전도, 세계 선교의 중심이 되었다. 그는 교회 선교회(Church Missionary Society)를 설립하였고, 인도와 페르시아(이란) 선교사인 헨리 마틴(Henry Martyn)에게 큰 영향을 미쳤다. 시므온의 선교에는 세 가지 목적이 있었는데, 그것은 바로 ① 예수 그리스도를 높이는 것, ② 죄인들을 겸손하게 하는 것, ③ 성결한 생활을 촉진시키는 것이었다.

이 설교는 아더 폴라드(Arthur Pollard)가 편집하고 인터바시티 출판사(InterVarsity Press)에서 1959년에 발행한 대학생을 위한 시므온의 설교집인 『지혜로 하여금 판단하게 하라 *Let Wisdom Judge*』에 포함되어 있다.

7

찰스 시므온(Charles Simeon)

신자들에게 임하신 성령

"누구든지 그리스도의 영이 없으면 그리스도의 사람이 아니라."(로마서 8:9)

성령의 역사라는 주제를 마무리할 때마다 느끼는 특별한 어려움이 있습니다. 그것은 성경처럼 논쟁의 여지가 없는 자료의 부족때문에 생기는 것이 아니라, 그 권면들이 삶의 현장에서 이들의 마음을 끌 수 있느냐라는 물음입니다. 잘 아는 바와 같이, 여러 삶의 형태-예컨대 식물적 삶, 동물적 삶, 이성적 삶-가 있는데, 각 형태는 다른 것보다 우위(優位)에 있으며 그 순서에 따라 그 아래 것보다 뒤에 있는 것이 분명히 우월합니다. 그러나 성경에서 말하는 네 번째 형태의 삶이 있습니다. 그것은 다름 아닌 영적인 삶이며, 나머지 다른 삶보다도 월등하게 높은 삶입니다. 모두가 저들 나름대로의 능력을 가지고 있지만 자신이 가진 능력을 초과할 수는 없습니다. 식물적인 삶은 생산성(生産性)을 가지고 있지만 의식이나 활동이 없습니다. 동물적인 삶은 본능(本能)은 가지고 있지만 이성을 풀어내는 인식 능력이 없습니다. 이성적인 삶은 도덕적인 진리들을 이해하지만 영적인 개념을 형성하지는 못합니다. 영적인 삶은 이성만으로는 이해할 수 없는 순수한 계시의 문제와 같은 일들을 파악하는 데에 사용됩니다.

그러나 저는 이 영적인 생활에 대한 통속적인 오해(誤解)에 대해 경계하고자 합니다. 새로운 **감성**을 구성하는 영을 소유하지 못한다면 그것은 인간의 불행이지 그의 결점이 아니라고 말하는 것은 어떤 점에서도 올바른 것이 될 수 없습니다. 이에 비해 영적인 사람이 육에 속한 사람이 소유하지 못하는 영적인 **인식**을 가지고 있다는 것은 분명 올바른 것입니다. 합리적인 사람들은 믿음이 아니라 감각을 통해서 사물을 봅니다. 그런데 만일 시야(視野)가 가려졌다면 그는 사물을 왜곡된 채로 인식할 수밖에 없을 것입니다. 그렇지만 영적인 사람에게 성령께서는 '안약(眼藥)'을 주셔서 가려진 시야를 깨끗이 해주고 사물을 분명하게 볼 수 있도록 해주십니다. 또한 믿음은 멀리 떨어져 있는 대상들을 더욱 분명하게 그의 마음속으로 끌어들이는 데 도움을 줍니다. 맨눈으로는 볼 수 없는 것을 볼 수 있게 하는 망원경의 능력은 널리 알려져 있습니다. 하나님 자신과 감추어져 있는 하나님의 신비를 보게 해주는 것, 감각의 눈의 범위에 들어오지 않는 것들을 분명하게 인식하게 해주는 이것이 바로 믿음의 직분이자 효능인 것입니다.

그러므로 영적인 사람과 비교해 본다면, 합리적인 사람은 두 가지의 불리한 조건 아래에 있다는 것이 자명해집니다. 그는 자신 앞에 있는 대상들을 왜곡되거나 또렷하지 못한 불투명한 감각의 매체를 통하여 볼 수밖에 없습니다. 게다가 그에게는 그 대상들을 참되게 볼 수 있는 특수 안경, 말하자면, 마음의 망막(網膜)으로 직접 끌어올 수 있는 믿음이 없습니다. 그것이 성(聖) 사도 요한이 "빛이 어두움에 비취되 어두움이 깨닫지 못하더라"(요 1:5)고 말할 때 의도한 것이며, 이것은 매우 분명한 용어로 성(聖) 사도 바울에 의해서 보편적인 경험의 문제라고 선언되었습니다. "육에 속한 사람은 [그가 누구이든지 간에] 하나님의 성령의 일을 받지 아니하나니 [왜곡된 시각에서 보았기 때문에] 저희에게는 미련하게 보임이요 또 깨닫지도 못하나니 이런 일은 영적으로라야 분변함이니라. [그리고 그는 영적인 인식을 가지고서 성령의 일을 이해할 수 있기를 원합니다] 신령한 자는 [분명하고도 올바른 인식을 가지고 있기 때문에] 모든 것을 판단하나 자기는 아무에게도 판단을 받지 아니하느니라. [맹인이 볼 수 있는 사람을 판단하는 것은 노골적인 모순이기 때문에] 누가[육에 속한 사람] 주의 마음을 알아서 주[영에 속한 사람]를 가르치겠느냐? 그러나 [영에 속한 사람들인] 우리가 그리스도의 마음을 가졌느니라." [그러므로 우리는 우리 자신과 다른 사람들을 모두 판단할 수 있습니다](고전 2:14-16)

 그러나 저는 우리 가운데 우리가 말하는 주제에 대해 아주 잘 다룰 수 있는 사람이 많다는 것을 미리 말해 두어야할 것 같습니다. 그들은 그 주제에 대해서는 물론이거니와 그 주제가 나타내는 진리에 대해서도 잘 다룰 수 있습니다. 그렇기 때문에 이것이 그렇게 심오하고도 신비스러운 주제임에도 불구하고 하나님께서 계시하신 것과 완전하게 부합된다는 것을 여러분께 주저함 없이 제시할 것입니다.

 그렇지만 성경을 연구하고 그것의 진리 됨을 증명하는 사람들 중에 터무니없는 곳에서 출구를 발견하여 꿈과 환상을 갖고 월권행위를 하고 있다(그리고 저는 그것을 큰 비애로 생각합니다)고 생각되는 분들이 계십니다. 그리고 저는 그러한 모든 공상(空想)과 속임수에 대해 엄숙하게 항변하고자 합니다. 하나님의 진리는 이성(理性)보다 높지만 완전히 이성에 부합됩니다. **저는 하나님의 계시의 중요한 특징으로서 계시의 합리성**을 말하고자 합니다. 제가 말하고자 하는 모든 말이 그 합리성에 따르기를 바랍니다. 저는 이보다 더한 것을 구하지는 않습니다. 하나님께서 그의 주도적인 의지와 기쁨에 따라 다른 사람들에게 주시는 것보다 더 큰 (육에 속한) **천부적인 은사**를 주시듯이, **영적인 은사**에 대해서도 마찬가지로 행하십니다. 우리의 (육에 속한) 천부적인 재능들이 모두 **눈에 보이는 것**에 의해 행동을 일으키고,

우리의 관심에 따라 희망과 절망, 기쁨과 슬픔이 생겨납니다. 우리의 영적인 재능들은 **눈에 보이지 않는 것**에 의해, 심지어 모두를 구속하시는 사랑의 기적을 통해 나타납니다. 구원의 축복에 따라 우리의 관심이 현재와 장래의 행복으로 돌리게 됩니다.

이렇게 많은 전제를 말씀드렸으므로, 이제 저는 **우리가 그리스도의 것일 때 성령께서 우리에게 무엇을 행하시는가**를 말할 수 있겠습니다. 우리는 성령께서 중재자의 직분(His mediatorial office)으로 주 예수 그리스도와 연합하신다는 사실을 결코 잊지 말아야 합니다. 성부께서는 맡기신 일들을 각각 더욱 적합한 방식으로 유지하고 시행하십니다. 그리고 우리 가운데 어떤 사람이 죄 씻음을 받고 의롭다함으로 성결하게 되었다면, 그것은 주 예수의 이름으로, 우리 하나님의 성령으로 말미암은 것입니다(참조, 마 28:19). 그러나 저는 그것을 성령의 직분에로 한정하려 합니다. 어렵고도 중요한 이 주제에 관하여 말하는 동안에, 주 예수 그리스도께서 약속하신 대로 친히 우리와 함께 해주시고, 성령으로 불로 세례를 주시며, 우리 안에 있는 불순물들을 살라주시고, 그의 복되신 이름을 위하여 심령 속에 꺼지지 않는 사랑의 불꽃을 일으켜 주시기를 바랍니다! 그 속에서 성령께서는 우리 안에서 **가르쳐주시는 분**(a Teacher), **거룩하게 하시는 분**(a Sanctifier), **위로하시는 분**(a Comforter)의 직분을 수행하실 것입니다.

가르쳐주시는 분으로서의 성령

제일 먼저 가르쳐주시는 분으로서의 성령을 살펴보겠습니다. 초심자(初心者)들은 하나님의 말씀이 무엇인지를 거의 알지 못합니다(히 5:12). 초심자들은 새로 발견한 나라에 방금 상륙한 사람과도 같아서 아직 그 나라의 아름다움과 풍요로움에 대해 배워야 할 것이 많습니다. 그리고 그리스도의 성령께서는 주 예수께서 지상에 계실 때에 그의 제자들에게 행하신 바와 같이 우리가 감당할 수 있을 만큼 우리에게 차차 많은 것을 열어주실 것입니다. 성령께서는 균형 있게 사용할 수 있도록 우리에게 선악을 분별하는 깨달음을 주시고 우리를 온전함에로 인도해 주실 것입니다(히 5:14-6:1).

오직 믿음으로 말미암아 얻는 구원에 관한 초보 교리는 우리가 처음으로 그리스도께 왔을 때 알게 되는 것이지만, 여전히 매우 불분명하게 보입니다. 예컨대 그리스도인의 영적 투쟁의 성격과 난점은 매우 부분적으로만 발견될 뿐입니다. 인간 마음의 속임과 필사적인 사악함은 거의 알려지지 않습니다(사실상 하나님만이 그것을 완전하게 아실 수 있지는 않을까요?) 또한 죄 속임이 어떤 점에서도 분명하게 분별되지 않습니다. 초심자는 사탄의 계략(計略)에 대해 상당히 무지합니다. 교활한 적의 속임수로 사람들의 영혼을 유혹하지만 이를 좀처럼 파악하지 못합니다(엡 6:11; 고후 2:11). 초심자는 늙은 뱀이 어떤 능력을 가지고 사람들의 마음을 유혹하고 타락하게 하는지 상상조차 하지 못합니다. 심지어 뱀은 우리 어머니인 이브를 속인 것과 같이 지금도 그리스도 안에 있는 순진한 사람들을 미혹하고 있습니다(고후 11:3; 참조 롬 16:18).

영혼의 큰 적들에게 대항할 수 있도록 우리에게는 전신갑주가 준비되지만, 초심자는 그것을 어떻게 사용해야 하는지를 알지 못합니다. 그의 수중에는 '성령의 검', 곧 하나님의 말씀이 있지만 그것을 어떻게 효과적으로 사용해야 하는지도 알지 못합니다. 초심자는 의(義)의 말씀에 대해서는 서투릅니다. 집중적으로 공격해야 하는 공략지점이 어디인지, 적을 가장 성공적으로 함정에 빠뜨릴 수 있는 전략이 무엇인지, 모든 적에 대해 승리할 수 있는 수단이 무엇인지는 전쟁의 많은 경험을 통하지 않고서는 알 수 없습니다. 세속적인 전쟁에서와 마찬가지로 영의 전쟁에서도 경험은 오로지 실제의 복무(服務)를 통해서만 얻어질 수 있습니다. 그렇지만 그 두 가지 전쟁 사이에는 다음과 같은 차이점도 있습니다. 세속적인 전쟁에서는 능란함이 인간의 독창력의 결과인 반면, 영적인 전쟁에서 우리에게 지식을 불어넣어 주시고 적의 군대를 무찌를 수 있는 지혜를 알려 주시는 분은 오로지 하나님의 영뿐이십니다(엡 6:17-18).

더욱이 성령께서는 우리에게 복음 구원의 충만함과 탁월함을 알게 해주실 것입니다. 제가 이미 시인한 바와 같이, 구원의 계획은 그리스도 안에 있는 가장 참되고 순전한 사람들에 의해 깨달아집니다. 그러나 그 탁월함은 그에게 마치 새벽의 희미함으로부터 정오의 밝은 햇빛에 이르는 것같이 점점 더 환하게 밝혀질 것입니다. 예언자 호세아에 의해 성경에 기록된 바와 같이, "그러므로 우리가 여호와를 알자 힘써 여호와를 알자 그의 나오심은 새벽 빛같이 일정하니."(호 6:3) 그리고 솔로몬이 "의인의 길은 돋는 햇볕 같아서 점점 빛나서 원만한 광명에 이르거니와"(잠 4:18)라고 한 바와 같이, 우리도 그렇게 확신하게 될 것입니다. 초심자는 구원이 궁극적으로 소급되는 계약, 타락한 인류의 구속(救贖)을 위해서 아버지 하나님과 아들 사이에 맺으신 계약에 대해 아는 것이 거의 없습니다. 이 계약에서 그리스도께서는 한편으로 그 자신의 위격(位格) 속에서 우리가 져야 할 형벌을 대신 담당하시며 이를 참고 견디십니다. 다른 한편, 아버지 하나님께서는 택함을 입은 백성을 그에게 주시고 저들을 의로운 자들로 받아들이게 해주십니다. 그로 말미암아 그리스도께서는 저들을 위해 행하시고 고난을 받으시는 것입니다(요 17:2, 6, 9, 11-12,

24). 이 계약은 모든 곳에 명령된 것이며 보증된 것입니다. 그리고 그 축복은 모두 우리의 머리이자 대리자 되시는 그리스도 안에 저장되어 있고, 이와 같이 우리에게 영원히 보증되어 있습니다. 바울이 골로새 사람들에게 쓴 바와 같이, 우리의 생명은 그리스도와 함께 하나님 안에 감추어져 있습니다. 우리의 생명이신 그리스도께서 나타나실 때에, 우리도 그와 함께 영광 중에 나타날 것입니다(골 3:3-4). 그리고 이러한 축복은 믿음의 활동을 통하여 성령으로부터 받을 수 있을 것입니다. "이는 그 약속을 그 모든 후손에게 굳게 하려 하심이라."(롬 4:16) 왜냐하면 그 축복이 다른 곳에 맡겨져 있거나 사람의 힘이나 믿음이 미치지 못하는 곳에 있다면, 어떤 사람도 그 축복 받기를 소망하지 못했을 것이기 때문입니다.

이러한 것들을 영혼에게 펼쳐보이는 것이 성령의 직분인 것입니다. 이러한 목적을 위해 성령께서는 일종의 기름 부음으로 우리와 함께 거하시며, 어느 정도의 명백하신 소통으로 인해 다른 사람을 통해 가르칠 필요가 없게 하실 것입니다(요 2:27). 이러한 목적을 위해 성령을 우리에게 주심으로써 성도로 하여금 인간의 눈으로는 꿰뚫어 보거나 최소한 그 탁월함도 볼 수 없는 이 신비로움을 점점 더 깊이 파고들게 합니다(엡 1:17-18). 이 신비들은 눈으로는 보지 못하고 귀로도 듣지 못하며 사람의 마음으로도 생각하지 못하는 심오한 것들에 속해 있습니다. 이 신비들은 하나님의 성령으로 영혼에 계시되었으므로, 다른 방식으로는 알 수 없는 것입니다(참조, 고전 2:9-12). 이는 분명한 사실입니다. 이러한 것들은 해시계에 가장 또렷이 새겨지는 것과 같이 감화를 받은 책에 또렷하게 기록되었습니다. 그러나 어떤 경우에도 저들 위에 환하게 비취도록 하늘로부터 빛이 주어지기 전까지 그 글은 쓸데없는 기록에 불과합니다. 빛이 환하게 비칠 때에만 해시계의 바늘은 그 직분을 수행하듯, 빛이 환하게 비칠 때 그 목적은 영혼을 밝혀주는 것이 됩니다. 육에 속한 사람은 그가 아무리 다른 관점에서 배웠을지라도 하나님의 영에 속한 것들을 올바르게 분별하지 못하며, 그러므로 저들은 어리석은 자들이나 다름없습니다.

이와 같이 하나님에 대해 가르침을 받은 신자는 지금까지 조금도 생각하지 못했던 신성(神性)에 대한 지식을 갖게 됩니다. 하나님의 지혜를 갖게 된다는 것은 얼마나 놀라운 일입니까! 그는 하나님께서 자신의 모든 속성(屬性)을 알려주셔서, 당신의 정의가 충분히 충족되며 당신의 자비를 그에게 부어주시려는 계획을 알게 되는 것입니다! 하나님의 인자하심이 이와 같이 실천된다는 것, 하나님의 거룩하심이 이와 같이 영광을 받는다는 것, 하나님의 진리가 이와 같이 거룩하게 지켜진다는 것, 하나님의 온전하심이 이와 같이 조화를 이루고 영화롭게 된다는 것 그리고 **이 모든 것이 자신을 위한 것**이라는 것을 곰곰이 생각할 때, 그는 완전한 놀라움에 사로잡히게 될 것입니다. 그러나 그는 그것을 어떻게 믿어야 할지에 대해서는 알지 못하며, 그에게는 모든 것이 단순한 비유(比喩)처럼 여겨질 것입니다(참조, 겔 20:49). 그러나 그는 이 모든 것이 그의 필요에 얼마나 적합한 것인지, 그의 부족함에 얼마나 충분한 것인지를 보면서 그것을 **믿지 않을 수 없게 될 것입니다**. 그는 이것 이외에 다른 방식으로는 자기 자신을 위한 소망의 근거를 더 이상 발견할 수 없게 될 것입니다. 그것은 타락한 천사들을 위한 소망의 근거가 아닙니다. 그는 그것이 성경 속에서 태양 빛처럼 밝게 계시된 것을 보며, 조금의 의심도 없이 받아들일 수 있는 증거로 세워져 있다는 것을 보게 될 것입니다. 더욱이 그것이 받아들이는 모든 이들을 변화시키는 효험(效驗)을 가지고 있다는 것을 볼 때, 하나님의 참 **진리로 받아들이지 않을 수 없을 것입니다**. "주여 영생의 말씀이 계시매 우리가 뉘게로 가오리이까 우리가 주는 하나님의 거룩하신 자신줄 믿고 알았삽나이다."(요 6:68-69)

저는 이러한 것들을 믿는 영혼 속에서 가르치시는 분으로서의 성령에 대해 말씀드리기를 원합니다. 이와 동일한 강력한 대리 행위가 하나님의 진리의 모든 부분, 그리스도인의 경험의 모든 부분에 파급됩니다. 그리스도께서는 성령께서 우리를 모든 진리 가운데로 인도해주시며 그의 효과적인 가르침으로 인해 모든 것을 알 수 있도록 해주시겠다고 분명하게 약속하셨습니다(참조, 요 16:13; 요I 1:20).

거룩하게 하시는 분으로서의 성령

다음으로 우리는 거룩하게 하시는 성령의 활동을 생각해보겠습니다. 이와 관련하여 성령께서는 '선택된 하나님의 백성을 거룩하게 하시는 분'이라고도 말합니다. 사실상 성령께서 가르쳐주시는 분으로서 행하시는 것은 바로 거룩하게 하시는 분으로의 활동을 말하는 것입니다. 성령께서는 그리스도의 위격(位格)에 대한 보다 분명한 관점과 그리스도의 업적과 직분(職分)에 대한 더욱 포괄적인 지식을 우리에게 주시기 위해 우리 안에서 그리스도를 계시해주십니다. 그리고 그것은 성령의 계시로 말미암는 것입니다. "우리가 다 수건을 벗은 얼굴로 거울을 보는것 같이 주의 영광을 보매 저와 같은 형상으로 화하여 영광으로 영광에 이르니 곧 주의 영으로 말미암음이니라."(고후 3:18) 더 나아가 성령께서는 우리에게 그리스도의 사랑의 폭과 길이, 깊이와 높이를 이해하게 하시고, 더욱 명백하게 그리고 확실하게 지각(知覺)을 초월하시는 그리스도의 사랑을 알게 하십니다. 그로 말미암아 우리는 하나님의 충만하신 것으로 충만하게 되는 것입니다(참조, 엡 3:17-19).

성령께서는 풍부한 지식과 더불어 신령한 깨달음을 증가시켜 주시며, 그러한 깨달음에 신령한 미각과 영적인 성취를 더해주십니다. 그리고 이는 영혼이 그 모든 능력을 사로잡아 그리스도께 복종할 때까지 계속될 것입니다(고후 10:5). 그 모든 과정이 가장 높은 천사보다 높은 곳에 있지만, 모든 실천적인 목적을 위해 내려와 어린아이에게까지 이해될 수 있다고 생각됩니다. 우리의 복되신 주님은 그것을 바람에 비유하십니다. 강하게 움직이는 바람은 그 효과가 나타날 때에만 눈에 보이는 것이 됩니다. 바람은 언제 어디서건 불어오지만, 우리는 그 바람이 어디에서 오며 어디로 가는지 알지 못합니다. 그럼에도 불구하고 우리는 그 작용에 대해서는 의심하지 않습니다(요 3:8). 가장 순진한 아이도 이를 인정하지만, 반면 가장 지혜로운 철학자도 이를 합당하게 설명하지는 못합니다.

    자석(磁石)을 통해 우리는 이에 대한 적절한 예를 발견하게 됩니다. 왜냐하면 자석은 실제적인 경험에 의해서는 좀처럼 드러나지 않지만, 어느 누구도 그 영향력을 부인하지는 않기 때문입니다. 이 신비한 주제에 대해 우리를 더욱 완전하고 더욱 분명하게 이해시켜주는 다른 자연 현상도 있습니다. 샘물로부터 시작해 바다로 흘러가는 강물은 육에 속한 사람에게 비유될 수 있을 것입니다. 육에 속한 사람은 몸과 마음의 능력을 모두 가졌지만, 하나님을 떠나 다시는 되돌아올 수 없는 지옥으로 지속적이며 치명적인 무관심과 악착스러움으로 나아갑니다. 그러나 우리는 바다가 인접한 곳에서 강물이 밀물에 의해 저지되며 일정한 속도로 역류되는 것도 보게 됩니다. 거기에서 우리는 죄인이 하나님께로 되돌아가는 것을 볼 수 있는 것입니다. 특정 지역의 장애물에 의해 생긴 부분적인 역류(逆流)로부터도 우리는 이와 유사한 설명이 가능할 것이며, 이를 통해 하나님으로부터 떠난 인간의 모습을 보여주는 데에 도움을 줄 수 있을 것입니다. 거기에서 회개가 일어나며 양심의 가책을 받아 비효과적이지만 억제력이 생기는 것입니다. 그러므로 신자가 하나님께로 되돌아갈 때, 거기에는 아직도 타락의 찌꺼기가 있다는 것이며, 그것은 더 좋은 세상에서 누리게 될 영혼의 완전함이 그에게 결핍되어 있다는 것을 나타내는 것입니다.

특히 주목해야 할 부분이 바로 이것입니다. 어떻게 이러한 변화가 생겼을까요? 어떻게 그것이 강물에 영향을 미쳤을까요? 사람의 능력과 수단으로 말미암은 것일까요? 이는 분명히 아닐 것입니다. 그것은 눈에 보이지는 않지만 강력한 달의 인력(引力)에 의한 것입니다. 달의 운동은 눈에 보이지는 않지만 효력을 가지고 있으며, 그 때문에 그 운동이 부정될 수는 없습니다. 그 힘은 의문의 여지가 없지만, 그 효력들이 다른 곳에 어떤 영향을 미치는지를 합리적으로 설명할 수는 없습니다. 어찌 되었든 그 힘을 조금이라도 사람에게 돌릴 수는 없습니다. 그런데 어떻게 그 변화가 사람들의 영혼에 영향을 미쳤을까요? 이처럼 저들에게 역사하여 저들을 하나님께로 되돌아가게 하는 것이 바로 성령이십니다. 그리고 그것은 사실입니다. 성령의 역사는 저들에게 만들어낸 효과가 아니고서는 보이지 않습니다. 그러나 이러한 효과는 인간의 모든 능력을 무한히 초월하십니다. 정확한 하나님의 말씀 속에서 저들은 성령께 그 특수한 직분을 돌립니다. 성령께서는 처음에 우리를 거듭나게 하실 뿐만 아니라, 점진적으로 하나님의 형상을 닮게 하시며 하늘 기업을 받게 하십니다(딛 3:3-5).

삶은 육신을 좇는 것이 아니라 영을 좇는 것입니다(롬 7:18-24; 8:1, 5). 우리는 그 역사가 서서히 이루어진다는 말씀을 듣습니다. 그는 그리스도의 장성한 분량이 충만한 데에 이를 때까지 모든 점에서 그리스도를 향하여 성장하며 은혜에서 은혜로, 승리에서 승리로 나아갈 것입니다(엡 4:13; 비교, 벧후 3:18). 신자는 성경에서 처음에는 자녀로, 그 다음에는 청년으로, 그 다음에는 아비로 표현됩니다(참조, 요I

2:12-14). 신의 영혼 속에서의 성령의 역사는 처음에는 '싹', 다음에는 '이삭', 그 다음에는 이삭에 충실한 '곡식'으로 비유됩니다(막 4:28). 이러한 비유들은 신자가 처음에는 아무것도 아니지만 장래에는 장성한 분량에 이르게 될 것임을 보여주는 것입니다. 그가 하나님의 형상을 따라 의와 진리와 거룩함으로 변화될 때까지(엡 4:24), 그의 마음은 더욱더 세상일들을 멀리하게 될 것이며, 더욱더 강하게 위에 있는 것들에 집중할 것입니다.

성숙되어짐에 따라 그의 모습이 주위에 모든 사람들에게 다소 드러날 수 있을 것입니다. 그에게는 더 큰 확신과 더 많은 한결같음과 더 많은 일관성이 있게 될 것입니다. 그의 원칙들은 영혼을 아름답게 하고 삶을 아름다운 것으로 장식하게 하는 효험으로 인해 주위에 모든 사람들에게 더욱더 칭찬을 받을 만한 것이 될 것입니다(참조, 벧전 3:3-4). 한마디로 그는 마음속에서뿐만이 아니라 심령으로부터도 새롭게 될 것입니다(엡 4:23). 그는 그리스도께서 써주시는 편지를 알게 될 것이며, 모든 사람이 그것을 읽게 될 것입니다. 그리고 그 편지는 사람의 손이 아닌 살아계신 하나님의 영으로 쓴 것입니다(고후 3:2-3). 이제 그는 성경에서 강조된 **하나님의 사람**이라 일컬음을 받을 것입니다(딤후 3:17).(그리고 그를 아는 모든 사람들이 그의 존재를 인정하지 않을 수 없게 될 것입니다)

위로하시는 분으로서의 성령

그렇다면 이를 통하여 어떠한 결과가 나올까요? 성령께서는 이러한 활동에서 그리고 그로 말미암아 위로자의 직분을 수행하시는 것입니다. 세상 사람들은 성령을 인격적으로 알지 못하기에 그분을 영접할 수 없습니다. 그러나 신자들은 성령을 알고 있습니다. 왜냐하면 성령이 저들 안에 거하시고 이 세상을 순례하는 동안 계속 저들 속에 계실 것이기 때문입니다(요 14:16-17). 성령께서는 그리스도께로 처음 오실 때에도 저들의 괴로운 양심에 평안을 말해 주시며, 구세주를 보지는 못하였으나 사랑하게 하십니다(벧전 1:8). 이것이 두려움으로 가득 차 있던 신자들에게 기쁨과 순전한 마음으로 음식을 먹고 하나님을 찬미하게 만든(행 2:46-47) 성령강림절에 이르러 훌륭하고 분명하게 나타난 것입니다. 그러나 성령께서는 저들 삶의 전 과정을 통하여 저들에게 그리스도를 더욱더 분명하게 계시해주시고 저들의 영혼에 달콤한 보증을 약속해주시면서 이 일을 계속 수행해 나가십니다. 그런 까닭에, "성령의 능력으로"(참조, 롬 15:19) 역사하시고, "말로만 …… 이른 것이 아니라 오직 능력과 성령과 큰 확신으로"(살전 1:5) 이른 것이라고 말씀해주시는 것입니다. 그리고 성령은 "약속의 성령"(엡 1:13)이라고 일컬어집니다. 왜냐하면 이러한 방식으로 성령께서 저들의 유익을 위해 그 약속을 사용하시기 때문입니다.

이와 같이 성령께서는 그리스도의 구속을 받은 백성들을 향하여 위로자의 직분을 수행하여 주시며, 기도 속에서 저들을 하나님께 가까이 갈 수 있도록 해주십니다. 성령께서는 탄식 기도에서 저들의 연약함을 도우시고 저들을 위해 중보 기도를 해주시며, 저들 안에서 "하나님의 뜻을 따르게" 해주십니다(롬 8:26-27; 참조 엡 2:18; 유 20). 성령께서는 저들 안에서 저들로 하여금 '아바 아버지' 라 부르면서 하나님께로 나아갈 수 있게 해주시는 양자(養子)의 영이십니다. 성령께서는 저들의 심령에 하나님의 사랑을 발산하며, 저들이 하나님의 자녀라는 것을 증언하여 주십니다(롬 8:15-16). 이러한 방식으로 저들을 그리스도 안에서 견고케 하시고 구속의 날까지 인(印)치시며 저들 안에 하늘 기업의 보증이 되어 주시는 것입니다(참조, 고후 1:21-22; 엡 1:14). 여기에서 '보증'은 지불의 일부이며 나머지에 대한 서약을 뜻합니다. 성령께서는 신자의 영혼 속에서 이미 하늘의 지복(至福)을 간직하도록 해주시고 적당한 때에 그것을 충만하고 영원히 소유하게 하시는 분이십니다. 특히 환난의 때에 그의 은혜의 교통하심은 충만합니다. 우리는 "많은 환난 가운데서 성령의 기쁨으로 도를 받아 우리와 주를 본받은 자"(살전 1:6)에 대해 듣습니다. 어떤 사람에게 고난이 넘친다면, 성령께서는 그의 위로를 더욱 크고 더욱 초월적인 효험으로 넘치게 하실 것입니다(고후 1:5).

그렇지만 예전에 비해 오늘날 성령의 위로(慰勞)가 크게 달라졌다는 것에 주목할 필요가 있습니다. 초기에는 오히려 드러나는 형태를 보였으나 오늘날에는 고요한 성격을 지니는 것 같습니다. 초기에는 일시적인 성격을 나타냈으나 오늘날에는 영구적인 성격을 지니게 되었습니다. 초기에는 선(善)으로 인하여 사람의 심령을 고양시켰으나, 오늘날에는 무가치함으로 인하여 그의 영혼을 겸손케 하고 낮추게 하십니다. 초기에 성령은 불꽃과 연기가 주목될 정도로 막 지펴진 불이었습니다. 오늘날에 성령은 밝고 꺼지지 않는 불, 겸손하지만 강한 효험을 가지고 타오르는 불과 같습니다. 지금까지 제가 말한 것에 대한 증거로서 저는 다만 하나님께서 몸소 그의 나라를 우리에게 주셨다는 것을 덧붙여 말하고자 합니다. 우리는 하나님의 나라가 어떤 외부적인 곳에 있지 않고, "오직 성령 안에서 의와 평강과 희락이라"(롬 14:17)는 말씀을 기억합니다.

자, 이제 그렇다면 누가 이러한 축복이 사도 시대에만 특별히 주어진 것이며 우리가 기대해서는 안 된다고 말할 수 있겠습니까? 성(聖) 바울이 고린도 교회에 던진 저 질문의 의미는 과연 무엇일까요? "너희가 하나님의 성전인 것과 하나님의 성령이 너희 안에 거하시는 것을 알지 못하느뇨", "예수 그리스도께서 너희 안에 계신 줄을 너희가 스스로 알지 못하느냐 그렇지 않으면 너희가 버리운 자니라."(고전 3:16; 고후 13:5) 그러므로 우리가 실제의 경험을 가질 뿐만 아니라 그것이 우리 안에서 실현된다는 것은 분명합니다. 그리고 이를 기독교 경험에 있어 중요하지 않은 문제라고 주장하는 사람이 있다면, 그는 아직 기독교 신앙의 첫 번째 원리를 더 배워야 한다고 생각합니다. 성(聖) 베드로는 오순절에 우리 주님을 십자가에 못 박은 자들에게 이러한 축복이 저들의 것이며 심지어는 저들의 자녀의 것이 될 것이라고 고백하였습니다. "너희가 회개하여 각각 예수 그리스도의 이름으로 세례를 받고 죄 사함을 얻으라 그리하면 성령을 선물로 받으리니, 이 약속은 너희와 너희 자녀와 모든 먼데 사람 곧 주 우리 하나님이 얼마든지 부르시는 자들에게 하신 것이라."(행 2:38-39) 사실상 이것은 본래 아브라함과 이를 믿는 후손에게 주어진 약속이었으며, 유대 땅이건 이방 세계이건 간에 믿음으로 말미암아 오는 "성령의 약속"(갈 3:14)이었습니다.

그러므로 이러한 이의(異義)는 파기될 것입니다. 제가 이러한 문제들 가운데 어떤 하나라도 성경이 요구하는 것보다 더 많은 것을 요구한 것일까요? 아니면 성경이 약속한 것보다 더 많은 것을 약속한 것일까요? 저는 제가 가능한 한 모든 경고를 했다고 생각합니다. 저는 성경으로서의 하나님의 말씀과는 별도로 자신들이 하나님의 감화를 받아 행동한다고 믿도록 하는 사람들이 조잡하고 열광적인 속임수를 좋아한다는 것을 알고 있고, 또한 그것을 개탄합니다. 그러나 저는 제가 말한 것 가운데 한마디도 이와 같은 속임수로 간주되지는 않을 것이라고 믿습니다. 성경에 기록된 말씀은 성령께서 활동하시는 매체(媒體)이며, 그의 대리 활동을 실천하시는 표준입니다. 만일 성령의 활동에 있어 빛과 위로는 물론 성결함도 만들어내지 않는다면, 그것은 지독하고도 치명적인 속임수에 지나지 않을 것입니다. 성령의 직분은 서로 분리될 수 없습니다. 그는 가르쳐주시는 분이며, 거룩하게 하시는 분이며, 위로하시는 분이십니다.

저는 고의적으로 다른 두 직분 사이에 거룩하게 하시는 자의 직분을 세워둡니다. 그것은 거룩하게 하시는 자의 직분이 전자(가르쳐주시는 분)의 직분과 후자(위로하시는 분)의 직분에 있어 대등하게 관련되기 때문입니다. 하나님의 가르침을 관리하는 전자(가르쳐주시는 분)는 그밖에 참된 위로가 존재할 수 없는 후자(위로하시는 분)와 밀접하게 관련됩니다. 저는 이러한 축복을 여러분들에게 주시는 성령의 은사를 사모하기를 바랍니다. 저는 여러분들께서 이렇듯 성령을 갈망하고 받기를 원하지 않는다면 여러분들 가운데 어느 누구도 평안하게 하나님의 얼굴을 바라보지 못할 것임을 하나님 앞에 맹세합니다. 하나님의 말씀은 불변하십니다. "누구든지 그리스도의 영이 없으면 그리스도의 사람이 아니라."(롬 8:9)

만일 어떤 사람이 성령의 성스러운 영향력을 비웃는다면, 말하자면 성령께서 하시는 일을 사탄의 일로 돌린다면, 그것이 성령을 거스르는 큰 죄임을 아시기 원합니다. 저들이 실제로 죄를 범하지 않는다고 할지라도 저들은 죄의 길을 걷는 것이기 때문입니다. 저는 저들에게 사소한 죄를 범하는 것보다 악의(惡意)를 가지고 성령을 비웃는 말을 하는 것이 더 치명적인 죄임을 말씀드리고 싶습니다. 성령을 거스르는 것은 사망에 이르는 죄입니다. 그리고 만일 저들이 그러한 죄를 범하였다면, 우리의 복되신 주님은 저들이 이 세상에서나 장차 올 세상에서 결단코 용서를 받지 못할 것이며, 따라서 저들이 영원한 저주의 위험에 처하게 될 것임을 선언하실 것이라고 믿습니다(참조, 마 12:32; 막 3:28-29).

다른 한편, 만일 어떤 사람이 저들을 그리스도께로 인도하는 성령의 역사를 체험했다면, 저들로 하여금 하나님의 길로부터 공개적이거나 비밀스런 탈선(脫線)으로 인해 어떤 시험이나 죄에 빠지지 않도록 늘 깨어 기도하게 하시기를 바랍니다. 저들로 하여금 하나님의 성령을 근심케 하거나 괴롭히지 않도록, 그의 성스러운 행위를 멈추지 않도록, 그리하여 저들에게 처음보다 나중이 더 나빠지지 않도록 하시기를 바랍니다(벧후 2:20; 참조, 엡 4:30; 사 63:10; 살전 5:19).

그러나 비록 제가 이렇게 말씀을 드렸을지라도, 이 집회에서는 더 좋은 결과가 있기를 소망합니다. 요즈음에는 과거처럼 비웃는 사람들이 그리 많지는 않습니다. 복음의 진리가 과거보다 더 잘 전달되었고, 복음의 신비가 과거보다 더 올바르게 인정되는 것 같습니다. 하나님의 심오한 것들이 겸손함과 진지함으로 설명된다면, 과거에는 미소만을 지었지만 이제 저들은 호의를 갖고 받아들일 준비가 되어있는 것 같습니다. 하지만 신앙 고백을 이렇게 쉽게 행하는 것은 오히려 더욱더 빨리 떠나는 위험을 내포하고 있습니다. 우리 주님의 비유에서와 같이 돌이 많은 밭과 같은 청중들은 쉽게 받아들인 만큼 너무 자주 쉽게 버리게 됩니다. 저는 여러분들 모두에게 말씀드리고자 합니다. "네가 가진 것을 굳게 잡아 아무나 네 면류관을 빼앗지 못하게 하라."(계 3:11) 성령을 더욱 널리 공급해 주시는 주 예수 그리스도를 보십시오. 그리스도께서는 사람들을 위해, 가장 반역한 사람들을 위해서도 이 은사를 주십니다(참조, 시 68:18). 하나님께서는 '분량에 따라 성령을' 주시지는 않으며, 우리를 향해 베푸시는 성령의 은사에도 고정된 분량이란 없습니다. 우리의 특권은 성령을 받는 것뿐만이 아니라, 성령으로 충만하게 되는 것입니다(참조, 요 3:34; 엡 5:18). 저는 여러분 가운데 많은 분들이 성령의 첫 열매를 이미 받았기를 바랍니다(롬 8:3). 하지만 이것으로 만족하지 말기를 바랍니다. 그리스도께서는 여러분들에게 생명을 주시려고 오셨을 뿐만 아니라 그것을 더욱 풍성하게 주시려고 오셨기 때문입니다. 그리스도께서는 목마른 자들에게 넘치는 물을 주시겠다고 약속해주셨습니다(참조, 요 10:10; 사 44:3). 그렇습니다. 그리스도께서는 성령으로 여러분들의 영혼을 살리실 것이고, 성령을 통하여 소망이 넘치게 하시며, 성령 안에서 기쁨으로 충만하게 하실 것입니다(참조, 갈 5:25; 벧전 1:22; 롬 15:13; 행 13:52).

이 무한한 유익이 여러분들께 주어진다는 것을 보십시오. 그리고 예수 그리스도를 통하여 여러분들께 더욱더 풍성하게 성령을 부어주시고, 모든 점에서 성령으로 인도해주시며, 여러분들이 하나님의 자녀라는 확실한 증거를 보여주시도록 하나님께 간구하시기를 바랍니다. 그리고 이사야가 예언한 바와 같이 우리에게 성령을 위로부터 풍성하게 부어주시기를 바랍니다. 그리하여 이 광야가 아름다운 밭이 되며 열매 맺는 밭이 되어 울창한 삼림(森林)으로 변하게 되기를 바랍니다!(사 32:15)

성령을 근심케 하지 말라!

　　존 웨슬리(John Wesley, 1703~1781)는 그의 동생 찰스 웨슬리(Charles Wesley) 그리고 조지 화이트필드(George Whitefield)와 함께 영국과 미국에서 감리교 운동을 시작했다. 1738년 5월 24일 앨더스게이트 가(街)에서 열린 한 집회에서 그는 커다란 영적 체험을 갖게 되는데, 그때 그의 "마음이 이상하게도 뜨거워졌고" 그는 구원의 확신을 얻었다. 화이트필드가 그에게 옥외 설교를 해보라고 권하자, 많은 교회가 웨슬리에게 폐쇄적인 입장을 보였음에도 불구하고, 웨슬리는 즉시 수천 명 앞에서 설교를 했다. 그리고 웨슬리가 세운 감리교회는 그로 인해 하나의 교단이 되었다. 그는 수많은 책을 저술했고 오랜 목회 기간 중에 4만여 편의 설교를 했다.

　　이 설교는 존더반 출판사(Zondervan Publishing House)가 발행한 『존 웨슬리 전집 *Works of John Wesley*』 7권에 포함되어 있다.

8

존 웨슬리(John Wesley)

성령을 근심케 하지 말라!

"하나님의 성령을 근심하게 하지 말라 그 안에서 너희가 구속의 날까지 인치심을 받았느니라."(에베소서 4:30)

우리를 모든 진리 가운데로, 모든 성결함에로 인도하시는 분은 바로 성령이십니다. 그것을 아는 사람은 어떤 영혼을 가지고 하나님을 영접해야 할 것인가를 고민해야 합니다. 이는 성령께서 우리 안에 거하시기로 작정하셨기 때문에, 성령을 우리에게서 쫓아내거나 자비로운 목적을 가진 그분을 실망시켜 드리지 않기 위해서입니다. 요점은 깨달았음에 위안을 삼는 것이 아니라 마음을 돌이키고 생활 속에서 온전하게 성결케 되는 것(聖化)에 있습니다.

"**하나님의 성령을 근심하게 하지 말라. 그 안에서 너희가 구속의 날까지 인치심을 받았느니라**"는 사도 바울의 말씀은 이러한 목적을 위한 가장 진지하고도 많은 애정이 담긴 권면(勸勉)을 내포하고 있습니다.

하나님의 영에 사용된 '성(聖, holy)'이라는 말은 그의 본성이 거룩하다는 것을 의미할 뿐만이 아니라 성령께서 우리를 성결하게 만드신다는 것을 의미하기도 합니다. 성령께서는 교회를 성결케 하시는 위대한 원천(源泉)이십니다. 모든 은혜와 덕(德)이 성령으로부터 흘러나옵니다. 성령으로 말미암아 죄의 오염이 깨끗하게 되어 우리가 거룩하게 거듭나게 되며 창조주의 형상을 다시 입게 되는 것입니다. 그러므로 바울 사도가 그에 관해 이처럼 장엄한 훈령(訓令)을 내린 데에는 그만한 까닭이 있었던 것입니다. 이에 우리 모두는 가장 깊은 관심을 가지고 이 커다란 의무를 생각해 보아야 하겠습니다. 더 효과적으로 이 의무를 행할 수 있기 위하여 저는 다음과 같은 것들을 탐문해 볼 것입니다. 첫째로, 성령께서는 인간들의 죄의 어떤 점을 근심하시는가? 둘째로, 성령께서는 특히 어떤 종류의 죄로 더욱 근심하시는가? 그리고 셋째로, 성령을 근심케 하는 일에 반대하는 사도의 주장의 진의(眞意)를 말씀드리려 노력할 것입니다. 우리는 누구에 의해서 구속의 날까지 인(印)치심을 받았을까요?

어떤 점에서 성령이 근심하시는가?

어떤 점에서 하나님의 영이 인간의 죄로 인해 근심하신다고 생각하십니까? 우리에게는 하나님의 고통을 합당하게 표현할 수 있는 말은 없지만, 거기에는 무한히 높은 수준에 속하는 무엇인가가 있을 것입니다. 하나님의 뜻에서 나오는 행위가 사람이 깨달을 수 있는 것보다 더욱 강하고 활기찬 것임에는 틀림이 없습니다. 하나님의 행위가 인간의 정서에는 속하지 않는다고 할지라도 인간의 목적에는 응답하십니다. 그러므로 우리는 근심이라는 말속에서 사람들의 인격을 무한하게 사랑하시지만 저들의 죄를 몹시 싫어하시는 하나님의 성격을 이해할 수 있습니다. 그리고 제한된 의미에서 근심이라는 말은 사도 바울의 언어 속에서 하나님의 영에 적용됩니다.

'근심'이라는 말이 성령에 적용되는 이유로는 첫째로, 성령께서 더욱 직접적으로 우리와 함께 하시기 때문이고, 둘째로, 우리의 죄가 그의 높은 사랑을 경멸의 대상으로 만들며 우리의 죄가 성령을 실망시키기 때문이며, 셋째로, 이러한 파렴치한 행동으로 결국 우리에게서 성령을 떠나가게 하기 때문입니다.

성령께서 우리와 직접 함께 하시기 때문에 우리의 죄로 인해 성령께서는 근심하십니다. 우리의 죄는 성령께서 직접 보시는 가운데 저질러지므로 성령께 더욱 큰 적대 행위가 됩니다. 성령께서는 그의 영광과는 별도로 자신의 죄를 고백하는 그리스도인을 원하십니다. 성령과 밀접하게 연합되어 있기 때문에 우리는 성령과 같은 마음을 갖는다고 말할 수 있습니다. 그러므로 우리가 저지르는 모든 죄는 그 나름의 합당한 죄의식에도 불구하고 새롭고도 무한정한 분노를 수반하게 되는 것입니다. 바울은 "너희 몸은 너희가 하나님께로부터 받은바 너희 가운데 계신 성령의 전인줄을 알지 못하느냐"(고전 6:19)라고 말씀하십니다. 우리의 몸은 영혼과 함께 성령이 거하시며 친밀하게 임하시는 성령의 전(殿)이 됩니다. 그렇기 때문에 우리가 (합당하게 성령의 제단인) 심령 속에 세상의 성향을 가진 우상들을 세우고 사악한 욕정에게 경배한다면-이는 성령께 가장 결정적으로 거역하는 것이며 성령을 근심케 하는 것이 됩니다-우리는 마땅히 그러한 사악한 욕정들을 성령의 뜻에 굴복시켜야 합니다. 성령과 벨리알이 어찌 조화되겠습니까? 하나님의 성전과 우상들이 어찌 상관하겠습니까?(참조, 고후 6:15-16).

우리의 죄로 인해 성령께서는 근심하게 됩니다. 우리의 죄가 그의 높은 사랑을 경멸의 대상으로 만들며, 우리를 회복시키려는 성령을 실망시키기 때문입니다. 성령께서 그렇게 많이 우리를 도와주심에도 불구하고, 우리는 성령의 책망을 무시하고 죄를 범하게 됩니다. 그의 무한한 자비하심에 대해 이 얼마나 파렴치(破廉恥)한 보답입니까!

　성령께서는 이 땅에 하나님의 뜻을 직접 전달하는 목자이시며 그리스도의 교회의 큰일을 처리하시는 분이십니다. 그러나 만일 성령께서 그 은혜의 풍성함을 우리에게 부어주심에도 불구하고 저들에게 아무런 성과도 찾지 못하신다면, 예언자의 다음과 같은 말로 우리의 배은망덕(背恩忘德)에 대해 비난한다고 해도 이상할 것이 없을 것입니다. "유다 사람들아 구하노니 이제 나와 내 포도원 사이에 판단하라. 내가 내 포도원을 위하여 행한 것 외에 무엇을 더할 것이 있었느냐 내가 좋은 포도 맺기를 기다렸거늘 들포도를 맺힘은 어찜인고. 이제 내가 내 포도원에 어떻게 행할 것을 너희에게 이르리라."(사 5:3-5) 우리는 성경에서 이러한 말씀들, 아니 이보다 훨씬 더 심한 말씀들을 보게 됩니다. 이러한 말씀들은 가장 깊은 관심을 가장 높게 표현한 것들이며, 성령의 은혜로도 바로잡을 수 없었던 사람들에 관해 이야기하고 있습니다. 성령께서는 여기에서도 하실 수만 있다면 죄인들을 아끼시는 분으로서 자신을 나타내십니다. 그러므로 죄로 인해 성령을 기다리지 않게 되는 것이 성령께 근심이 됩니다.

　이와 같이 사랑의 성령－이것 역시 성령의 특수한 칭호입니다－을 실망시키는 것, 우리의 어리석음과 허영에 시중들게 하는 것, 그를 기다리게 하는 것은 모두 본성에서 나온 못된 습관들입니다. 아무리 은혜로운 사람이라 할찌라도 그런 생각을 참아낼 수는 없을 것입니다. 그럼에도 성령께서 단지 근심하는 것에 기뻐하지 않으시고, 이러한 비열하고 파렴치한 사람들을 순식간에 불살라 없애버리지 않으신다는 것은 바로 하나님의 무한하신 자비의 증거입니다.

　이와 같은 배은망덕이 유대인들 가운데서 나타났습니다. 저들은 저들에게 베푸신 그 놀라운 자비들을 무수히 경험했음에도 불구하고 배은망덕했습니다. 감동적이며 생동적인 예언자들의 외침에서도 발견할 수 있듯, 무한한 사랑이 마침내 저들의 행위에 합당한 혹독함으로 변하고 말았습니다. 최고의 특권을 누리는 우리에게 그가 부과하신 의무들을 생각해 볼 때, 우리는 죄 되고 버릇없는 행동[에 대한 보상]이 마침내 우리가 남용한 자비만큼 크다는 것을 확신할 수 있을지도 모르겠습니다.

의심할 여지없이 모든 인류를 감찰하시는 하나님께서 저기에 계십니다. 모든 행악자(行惡者)에게 하나님의 진노가 내려집니다. 그러나 하나님의 용서의 사랑을 알고 성령을 근심케 하는 신실하지 못한 사람들은 우리가 짓는 죄들 가운데 특히 비열한 죄를 수반하게 됩니다. 사람들은 자기 원수의 악행(惡行)에 대해서는 화를 낼 수 있지만, 친구에게 허물이 있을 때에는 마땅히 근심하게 됩니다. 그러므로 우리가 영혼 속에 감사의 불꽃을 가진다면, 하나님과의 아주 가까운 관계, 동반자이자 자녀가 되는 관계가 우리를 악에서 지켜주는 강력한 능력이 될 수 있을 것입니다.

그러나 이런 형태의 주장들은 가장 좋은 친구가 되시는 하나님의 성령을 근심치 않게 할 만큼 충분히 강력한 것은 아닙니다. 생각해보십시오. 오히려 **이러한 파렴치한 행동으로 우리는 우리에게서 성령을 물러가게 할 것이기 때문입니다.**

성령의 선한 은사를 맛본 사람들은 거의 모두 이 진리를 경험했음에 틀림없습니다. 우리는 그 거룩하신 감화력에 대한 느낌이 너무나 생생하므로 이미 경험했던 것이나 다른 것을 소망할 수 있습니다. 그의 마음을 상하게 했을 때 우리는 영혼 속에서 변화가 일어나는 것을 어렵지 않게 인식할 수 있습니다. 그때에 우리는 불행하게도 그 어둠 속에서 염치없는 죄의 명령을 따르며 고뇌하며 낙담하게 됩니다. 복되신 성령께서 물러가고 그의 모습을 우리에게서 감추시는 그러한 때에 우리가 주님 앞에서 겸손하게 될 때까지, 깊은 참회와 적극적인 믿음으로 하나님의 자비와 평안을 다시 얻기까지, 우리는 바로 우리 자신이 사악하고 비참하다는 감정에 휩싸

이게 되는 것입니다.

그리고 우리가 그의 감정을 상하게 하면 할수록 우리는 영혼 속에서의 그의 영향력을 더욱더 약화시킬 것입니다. 왜냐하면 잦은 불화(不和)가 우리 사이에서 서먹서먹함을 일으키기 때문입니다. 계속적으로 관계가 중단되어 어지럽혀진다면 더 이상 그와의 교제가 충심에서 우러나올 수 없게 됩니다. 그렇지만 반복되는 관계의 중단에도 불구하고 그의 친구를 용서할 수 있습니다. 자기 친구가 대단히 몰염치하게 굴고 제멋대로 잘못을 저질렀음에도 그를 용서할 수 있습니다. 그러나 그에게서 이러한 무례한 언동(言動)이 자주 나타나게 된다면, 그 친절함은 차차 사라져버릴 것입니다. 그에게 베풀었던 온정(溫情)은 점점 약해져, 그런 사람과 우정을 유지할 마음이 없어지거나 우정을 지킬 가치가 없다고 생각하지 않을 수 없게 될 것입니다.

성령께서는 어떤 종류의 죄로 근심하시는가?

특히 성령께서는 어떤 종류의 죄로 근심하실까요? 아마도 그것은 우리의 영혼에 합당한 그의 은혜에 대해 실망하거나, 이에 더 나아가 그의 은혜롭고 자비로운 도우심에 대해 직접적으로 거역하는 것과 같은 죄일 것입니다. 저는 지금 간단하게 전자(은혜에 대한 실망)를 경솔함의 죄, 후자(은혜의 도우심에 대한 거역)를 무례함의 죄라고 말하겠습니다.

제가 말씀드릴 첫 번째 것은 성령을 특히나 더욱 근심하게 하는 것으로서 우리 내면에서 움직이는 그의 거룩한 역사하심에 대한 경솔함과 소홀함입니다. 특정한 영혼의 구조와 기질, 즉 심령의 맑은 상태가 있습니다. 그것 없이는 하나님의 영이 우리의 심령을 정결케 하지 못하실 것입니다. 그의 보호하시고 도우시는 은혜를 통하여 이를 준비하는 것은 우리의 능력 안에 있습니다. 성령께서는 우리가 그렇게 준비하기를 기대하십니다. 이것이 성령의 모든 역사의 기초가 됩니다. 이러한 준비는 우리 마음을 냉정하고 진지한 성향으로 유지케 하고, 우리의 감정을 조절하고 평온하게 해주며, 헛된 것과 이 세상의 즐거움을 추구하는 우리의 과도한 열정을 거두어들이고 견제하는 데에 있습니다. 이렇게 행하는 것은 매우 중요합니다. 왜냐하면 은혜에 대한 실망의 죄는 바로 자신들의 내면을 충분히 살펴보지 않았기 때문에, 저들은 영혼의 불화(不和)와 결함(缺陷)을 관찰하거나 주목하지 않고 또한 성령께서 제시하시는 지도와 처방에 관심을 기울이지 않았기 때문에 짓게 되는 것입니다.

사람들은 대체로 인생의 분주함, 사업 또는 그것이 주는 쾌락에 열중하기 마련입니다. 그리고 저들은 저들 자신의 몸이 잉태되고 장성한 분량에 이르러야 한다는 것에 관심을 갖거나 생각하지 않음에도 불구하고, 새로운 본성이 저들 내면에서 나와 성장할 것이라고 생각하는 것 같습니다. 우리가 성령의 역사하심을 주의 깊게 관찰하지 않는다면, 그가 우리의 본성을 정결케 하지 않으실 것이라는 것은 확실합니다. 예언자의 언어로 표현하자면 우리는 "시간을 낭비합니다." 우리는 불필요한 것들에 우리의 생각을 탕진하고, 절실히 필요한 영적인 개선(改善)은 생각지도 않은 채 소홀히 하는 것입니다.

많은 사람들이 삶의 많은 부분에서 대화하고, 발전하려 하며, 성례(聖禮)에 착실하게 참여하지만, 자신들의 의무를 소홀히 하고 대신 자신들의 생각, 애정, 대화에 너무 큰 자유를 부여합니다. 그들은 위대한 구원의 일을 다음 예배의 시간으로 미루는 것처럼 보입니다. 이러한 신앙고백을 통해 영적 재산들이 그렇게 많이 손실된다면, 우리는 이처럼 영생복락에 대해 좀처럼 진지하게 생각하지 않는 사람들을 어떻게 보아야 할까요? 확실히 그들은 경솔하고 무분별한 사람들보다도 마음이 평안하지 못할 것이며, 강하고 헛된 감정을 자연스레 상속받음으로써 영혼으로부터 유익한 모든 것을 차단시키고, 마침내 치명적인 무기력 상태에 이르게 될 것입니다. 저들은 모든 위험을 보지 않고 하나님의 유죄판결에 대해 무감각하게 되며, 따라서 모든 복되신 회복 수단을 완전히 포기하게 될 것입니다. 만일 우리가 인간의 죄로 인한 성령의 근심을 그 실망의 정도에 따라 측정하게 되었을 때 우리가 실제로 사악한 존재가 아니라면, 성령을 근심케 하지 않는다는 결론에 이르게 될 것입니다.

하지만 이러한 죄가 커지면 하나님의 성령에 대해 공격적으로 변하게 됩니다. 저들은 그에 대해 공개적인 적대감, 공개적인 반역의 죄를 나타냅니다. 고의적으로 죄를 짓는 죄인은 무지하지 않으며 놀라지도 않습니다. 오히려 의식적으로 하나님의 분명한 계명을 위반하고, 살아있고 충만하며 내재하는 그의 마음과 양심의 확신을 거역합니다. 그러므로 이는 죄악의 표준이 되며, 이러한 형태의 죄들은 하나님의 뜻에 대한 최대의 반역, 즉 그의 자비에 대한 경멸, 정의에 대한 무시를 함축하여 이 끔직한 본성의 죄로부터 더 가까이 있느냐, 더 멀리 떨어져 있느냐에 따라 더 흉악하거나, 덜 흉악해집니다. 이것은 의심할 여지없이 성령을 근심케 하므로 그의 자비로운 임재하심을 완전히 물러가게 합니다.

성령을 근심케 하는 일에 반대하는 사도들의 주장에 대한 진의

이제는 성령을 근심케 하는 일에 반대하는 사도들의 주장의 진의(眞意)를 말씀드릴 차례가 되었습니다. 왜냐하면 우리는 "구속의 날까지 인(印)치심을 받았기" 때문입니다.

'구속의 날까지'라는 말은 우리가 이 몸을 떠나는 시점, 혹은 보편 부활의 때에 다시 몸을 입는 시점까지를 의미할 수 있습니다. 아마도 여기에서는 후자를 말하는 것 같습니다. 바울 사도는 다른 곳에서 그런 의미로 사용한 적이 있습니다. "성령의 처음 익은 열매를 받은 우리까지도 속으로 탄식하여 양자될것 곧 우리의 몸의 구속을 기다리느니라."(롬 8:23) 그러므로 우리는 다음과 같은 세 가지 방식으로 구속의 날까지 성령으로 인치심을 받았다고 말씀드릴 수 있겠습니다.

① 우리 영혼에 그의 참되신 인(印)을 받음으로써, 하나님의 본성에 참여하는 자들로 만들어 주심으로써,
② 하나님의 자산의 표시로서, 우리가 그리스도께 속해 있다는 표징으로서, 성령을 받음으로써,
③ 우리의 심령에 영원한 행복에 이르는 자격을 갖게 된다는 증거와 확증을 주심으로써.

첫째로, **우리 영혼에 그의 참되신 인(印)을 받음으로써, 우리는 하나님의 성령으로 말미암아 봉인된 것입니다.** 이로써 우리를 하나님의 본성에 참여하는 자들로 만들어 주시고, 우리에게 "빛 가운데서 성도들의 기업을 받게" 해주십니다. 사실상 혼란한 우리의 영혼을 치유하시고 우리의 원죄(原罪)와 우리가 저지른 죄로 말미암아 손상된 우리의 본성에 그의 형상을 회복시켜 주시는 것이 그가 우리 안에 내주(內住)하시는 목적입니다. 우리의 심령이 어느 정도 새롭게 되기 전까지 우리는 성령

과 교제할 수 없습니다. 왜냐하면 성경에 "만일 우리가 하나님과 사귐이 있다하고 어두운 가운데 행하면 거짓말을 하고 진리를 행치 아니함이거니와"(요1 1:6)라고 기록되어 있기 때문입니다. 그러나 우리는 하나님의 형상에 따라 지으심을 받은 그 모습으로 우리의 심령을 새롭게 함으로써 그의 감화(感化)를 더욱 많이 받을 수 있습니다. 매일 계속되는 성령과의 교제에 의해 우리는 하나님의 형상으로 점차 변화됩니다. 합당하게 말하자면, 하나님의 형상을 닮는 것, 우리의 뜻과 하나님의 뜻의 일치, 하나님의 뜻에 대한 사랑이 곧 성결함(holiness)인 것입니다. 그리고 우리 안에 성결함을 창출하는 것이 바로 성령께서 하시는 감화의 목적과 계획입니다. 성령께서 함께 하심으로써 우리는 거룩한 덕(德)을 충만하게 받으며, 본래의 온전하심에 따라 우리는 그를 닮는 모습을 취하게 됩니다. 이와 같이 우리는 성령으로 말미암아 첫 번째 의미에서 구속(救贖)의 날을 준비하는 방식으로 봉인되는 것입니다.

이렇듯 우리의 새로운 본성이 이와 같이 그의 능력의 손아래서 성장하는데, 우리의 죄로 성령을 근심케 하고 우리의 행함이 그의 역사를 망치고 파괴하는 것이 되어야 하겠습니까? 그럼에도 불구하고 우리는 넘치는 타락을 막기 위해 세우신 울타리를 무너뜨림으로써 성령의 계획을 망쳐놓습니다. 그리고 마침내 우리를 구원하시려는 그의 은혜로우신 법도를 완전히 헛되게 만들어버리고 맙니다.

성령으로 말미암아 하나님의 자산의 표시로서, 우리가 그리스도께 속해 있다는 표징으로서 우리는 구속의 날까지 인치심을 받습니다. 그리고 이것은 그의 인치심으로 얻어지는 장래의 행복에 대한 조건과 보장을 말하는 것입니다. 그는 아들의 영을 마음에 받아들인 사람들 이외에는 어느 누구도 용납하지 않으실 것입니다. 그가 세상을 심판하러 오실 때에 이러한 표시와 부호가 있는 사람들을 자신에게로 이끄실 것이며 사탄이 저들을 해하지 못하게 하실 것입니다. 바로 이러한 목적으로 예언자

말라기는 하나님을 경외하는 사람들에게 이렇게 말씀하시는 것입니다. "만군의 여호와가 이르노라 내가 나의 정한 날에 그들로 나의 특별한 소유를 삼을 것이요 또 사람이 자기를 섬기는 아들을 아낌 같이 내가 그들을 아끼리니."(말 3:17)

성령께서 우리 구원의 표징이자 봉인이자 보장이 되신다면, 우리의 죄로 인해 성령을 근심케 하는 것은 우리가 직접 이 봉인을 부수고 우리의 가장 굳건한 보장을 취소하여 영생에 이르는 자격을 바꾸어놓는 것을 말합니다.

우리 안에 거하시는 성령께서는 또한 우리 구원의 보증이십니다. 성령께서는 구원의 증거이시며, 우리를 영원한 행복에 이르게 한다는 확증이십니다. "성령이 친히 우리 영으로 더불어 우리가 하나님의 자녀인 것을 증거하시나니."(롬 8:16) 이러한 내적 증거(inward testimony)가 생동적이며 영속적인 것이 되게 하기 위해서는 우리의 영혼 속에 그의 거룩한 위로를 넣어주심으로써, 시들은 우리의 심령에 활기를 넣어주심으로써, 우리에게 그의 약속을 미리 맛보게 해주심으로써, 우리 안에 밝고 기쁜 감각을 넣어주심으로써, 천국의 맛을 미리 주심으로써 우리 안에서 활동하시는 성령의 비밀스런 역사에 주의를 기울일 필요가 있습니다. 이러한 의미에서 사도 바울은 고린도 사람들에게 하나님께서 "우리를 인치시고 우리의 마음에 성령의 확증을 주셨다"고 말씀하신 것입니다. 그 확증은 행복에 이를 수 있는 자격에 대한 보증일 뿐만 아니라, 현재의 보상과 미래에 대한 충만한 소망을 포함합니다.

성령께서 우리를 위해 행하시는 것

하워드 프리데릭 서젠(Howard Frederick Sugden, 1907~1993)은 능력 있는 강해 설교자이자 쾌활한 유머 감각을 통해 성경이 현대인에게 살아 움직이도록 하는 능력을 가진 목사이다. 60년 이상을 목회로 섬기면서 세계 여러 집회와 교회 등지에서 설교를 했다. 미시건 주에 있는 세 개의 교회에서 목회를 했고, 그 후에 랜싱 남 침례교회(South Baptist Church, Lansing) 목사가 되었으며, 이 교회에서 35년 동안 봉직했다. 그는 또한 캐나다 온타리오 주에 있는 센트럴 침례교회에서도 목회를 했다. 양서 애호가로서 그는 거대한 도서관을 건립했고 자신을 찾는 사람들에게 지식과 지혜를 아낌없이 나누어주었다. 한마디로 그는 '목회자의 목사'였다.

이 설교는 1970년 2월 4일 시카고에서 열린 무디 성경연구소 설립자 주간 집회에서 행한 것이며, 무디 성경연구소(Moody Bible Institute)의 허락을 받고 사용한다.

하워드 프리데릭 서젠(Howard Frederick Sugden)

성령께서 우리를 위해 행하시는 것

「유 에스 뉴스 앤 월드 리포트 U. S. News and World Report」의 편집자인 데이비드 로렌스(David Lawrence)는 지난 해 12월 위급한 재앙이 온 세상에 널리 퍼질 조짐이 있음을 보도했습니다. 오늘 아침 이들 신문기자들이 말한 내용과 관련하여 이 시대를 되짚어보는 시간이 되기를 원합니다. 그들은 그리스도인들은 아니지만 우리를 위협해오는 재앙으로 인해 오늘날의 세계를 큰 두려움을 가진 채 바라봅니다. 오늘날 그러한 태도들이 예수 그리스도의 교회 속으로 살금살금 들어오기 때문에, 그러한 일이 발생되는 것을 보는 것은 이상한 일이 아닙니다. 저는 종종 '기독교 시대가 끝났다'는 말을 들을 때마다 큰 충격을 받습니다. 사실상 교회 밖에 있는 대부분의 종교 지도자들은 '교회가 제도적 구조를 주장하던 시대는 끝났다'고 선언합니다. 감람산에 계신 우리 주님께서는 세상을 바라보시고, 제자들을 바라보셨습니다. 그리고 여러 세기를 가로질러 보시고 과거에 일어났던 일이 장차 일어날 것이라고 예측하셨습니다. 저는 주님께서 실패에 대해서도 잘 알고 계셨다고 확신합니다. 주님께서는 제자들의 연약함을 잘 알고 계셨지만, 저들이 과거에 보았던 그 어떤 것보다 위대한 능력을 저들에게 주시겠다고 약속하셨습니다. 누가는 이에 관한 글에서 매우 조심스러운 입장을 보입니다. 누가는 「누가복음」 마지막 장에서 제자들에게 하신 주님의 약속을 "너희는 위로부터 능력을 입히울 때까지 이 성에 유하라"(눅 24:49)고 기록했습니다. 「사도행전」 1장 5절을 보면 "요한은 물로 세례를 베풀었으나 너희는 몇 날이 못되어 성령으로 세례를 받으리라"고 기록되어 있음을 볼 수 있습니다. 그리고 8절에는 "오직 성령이 너희에게 임하시면 너희가 권능을 받고"(행 1:8)라고 되어 있습니다. (서젠은 이 구절을 "성령이 너희에게 오실 때에 너희는 능력을 받게 될 것이다"라고 옮겼다 – 역자 주)

여러분 가운데 어떤 분들은 헬라어 용어를 해설한 키텔(Kittel)의 대작(大作)에 대해 잘 알고 있을 것입니다. 저는 그가 '권능(power)'이라는 용어에 대해 30쪽을 할애한 것을 보고 놀랐습니다. 30쪽에 달하는 권능이라는 용어 해설에 대해 한번 생각해보십시오. 그리고 그 말이 삶에서 무엇을 의미할 수 있는지를 생각해 보시기 바랍니다. 30쪽을 읽어낸다는 것은 고달픈 일임에 틀림없습니다. 하지만 거기에는 권능이라는 단어가 하나님께서 우리에게 능력을 주신다는 것을 의미한다는 것을 발견할 수 있는 어떤 것이 있습니다. 하나님께서는 날이 얼마나 어두운가에 관계없이, 날씨가 얼마나 음산한가에 관계없이, 구름이 얼마나 짙게 깔렸는가에 관계없이, 좌절의 시간이 얼마나 오래 되었는지에 관계없이 우리의 삶 속에 들어오셔서 우리에게 능력을 주십니다. 키텔이 말하는 권능이라는 단어는 '우리를 능력 있게 만드신다(to make us capable)'는 것을 의미합니다. 하나님께서 어부들에게 이르시어 그들을 붙잡으신 일을 생각해보십시오. 하나님께서 우리에게 이르시어 우리를 붙잡기를 원하십니다. 하나님께서 자신을 낮추시어 우리를 붙드시고 이렇게 말씀하십니다. "내가 온갖 두려움과 연약함으로 가득 차 있는 너를 붙잡고자 한다. 내가 너를 능력 있게 만들려고 한다." 권능이라는 말은 때로는 수

용력(capacity)을 의미하기도 합니다. 이 모든 것을 종합해 볼 때, 저는 하나님께서 하나님 자신을 위한 수용력, 오직 그만이 채우실 수 있는 수용력을 우리에게 주셨다는 것을 깨달을 수 있으리라고 생각합니다.

누가는 이 제자들에게 하나님께서 능력을 부어주시는 시간이 올 것임을 확인해 주었습니다. 기드온에게 임하시고 구약성경의 다른 인물들에게도 임하셨던 성령, 그 성령이 이제 그의 거처를 잡으시고 성도들에게 내주(內住)하고자 하신 것입니다. 우리는 성령강림절의 이러한 놀라운 축복을 멀리하며 살기 때문에 이 기적을 망각하곤 합니다. 그러나 "그것을 생각해보십시오! 이것을 생각해보십시오! 요한 형제! 기드온의 삶 속에 임하신 것과 같은 능력, 구약성서의 인물들의 삶 속에 임하신 것과 같은 능력, 이 능력이 우리 안에 거처를 잡으시고 우리 안에서 살아 움직이려고 하십니다!"라고 말하며 요한의 주의를 환기시키는 베드로를 상상해 보시기를 바랍니다.

비범한 날에 드디어 중요한 때가 왔습니다. 역사 속에서 그날은 갈보리산의 그리스도의 수난일과 마찬가지로 하나님의 달력(교회력)에 기록되어있는 날이었습니다. 그 날은 하나님께서 새로운 방식으로 오신 날, 성령으로 세상에 오신 날이었습니다. 성령은 이전에도 세상 속에 계셨으며, 이전에도 사람들 속에서 활동하셨습니다. 하지만 지금은 새로운 방식으로 세상 속으로 오신 것입니다. 성령께서 오순절에 임하셨고, 모든 성도들에게 그리스도의 몸으로 세례를 주셨습니다. 저들은 그리스도의 몸으로 세례를 받았을 뿐만 아니라 성령으로도 충만했습니다. 「사도행전」은 이방 세계의 어둠에 반대하여 움직인 사람들, 하나님의 성령에 의해 권능을 받은 사람들에 관한 기록입니다.

저는 가끔 제 형제들과 변절(變節)에 대해서, 어둠에 대해서 이야기를 나누거나 우리가 살고 있는 시간에 대해서 말씀을 나누곤 합니다. 그런데 갑자기 예나 지금이나 하나님께서는 동일하시고, 예수 그리스도 또한 동일하시며, 하나님의 성령께서도 동일하시다는 압도적인 감정이 생겼고, 그 당시 사람들에게 유효했던 동일한 능력이 오늘 우리에게도 주어질 수 있다는 생각이 떠올랐습니다. 오, 저에게는 하나님의 성령으로 충만케 되는 기적을 알아야 할 필요가 있었던 것입니다!

저는 「사도행전」에서 성령이 언급될 때마다 언제든지 그 용어가 성령의 충만함과 관련되며 이 권능이 언제나 덕(德)과 연관된다는 것을 발견하곤 합니다. 하지만 많은 성도들이 「사도행전」에서 받을 수 있는 능력을 얻지 못하는 경우가 많은 것 같습니다.

랜싱(Lancing) 사(社)가 고전형 자동차를 만들었습니다. 랜싱 사가 만든 고전형 자동차는 세계에서 가장 좋은 자동차입니다. 제가 그렇게 아는 이유는 그들이 그렇게 말하기 때문이며, 그들이 그렇게 만들어야 한다고 말하기 때문입니다. 그렇지 않습니까? 저는 네 개의 보닛과 여섯 개의 플로어가 있는 3백 마력의 고전형 소형자동차 에프 85를 가지고 있습니다. 시동을 켜고 저는 다음과 같이 말했습니다. "저는 작은 자동차 하나를 가지고 있고, 이 차는 능력이 있습니다." 하지만 그 말은 어느 누구에게도 감명을 주지 못했습니다. 그러나 고속도로에서 맥없이 느릿느릿한 트럭 하나를 따라잡고 계속 달렸을 때 신이 났습니다! 그 자동차는 그제야 자신에게 합당한 능력에 도달한 것입니다.

성령께서는 증언할 능력을 주십니다.

「사도행전」 1장 8절을 주목해보시기 바랍니다. "오직 성령이 너희에게 임하시면 너희가 권능을 받고 …… 내 증인이 되리라."(행 1:8) 성령께서 초대교회의 성도들에게 임하셔서 저들의 삶 속에서 활동하시기 시작했고 저들은 증인이 될 수 있었습니다. 증인이라는 말에는 두 가지 의미가 있습니다. 앵글로색슨 말에 '증인(witness)'은 '아는 것(to know)'을 의미합니다. 증인은 자기가 아는 것을 말합니다. 초대교회의 성도들은 밖에 나가 단지 이렇게 말했습니다. "우리는 우리가 경험한 것, 우리가 본 것, 우리가 들은 것을 말하지 않을 수 없습니다." 그것이 앵글로색슨 말에 있는 증인이 뜻하는 것입니다. 그렇지만 거기에는 다른 의미 또한 포함되어 있으며, 그것은 **순교자**(martyr)라는 말에서 나온 단어입니다. 증인은 무엇인가를 아는 개인이며 그것을 위해서 기꺼이 죽을 수 있는 개인을 의미합니다.

주님은 "너희가 …… 내 증인이 되리라"고 말씀하셨습니다. 그러므로 우리는 예수 그리스도의 인격-죽음의 범위를 넘어 살아계시는 인격-에 대한 증인이며, 그가 우리의 삶 속에서 행하신 것에 대한 증인입니다. 그가 우리의 필요를 채워주셨으므로 우리는 그의 증인이 되는 것입니다. 그런데 우리는 「누가복음」에서 "너희는 이 모든 일의 증인이라"(눅 24:48)는 말씀을 듣습니다. 우리가 증인이 되기 위해 나아갈 때, 우리는 예수 그리스도의 인격에 대해 증언할 뿐만 아니라 부활과 그 부활의 기적에 참석했던 사람들에 관한 가장 장엄한 기록인 「누가복음」 24장에 기록된 것들도 증언합니다. 죽었다가 부활한 사람이 거기에 있다는 사실에 대한 증인, 그 부활과 이러한 일들에 대한 증인이 될 수 있다는 것을 생각할 때마다, 저는 제 영혼을 오싹하게 하고 온몸에 소름이 끼치게 함을 느낍니다.

저들이 증언해야 할 것이란 무엇이었을까요? 저들은 그리스도께서 어떻게 삶의 공통 경험으로 들어오셨는가에 관해 증언해야 했을 것입니다. 그리스도와의 **관련성에 대해서 말해야 합니다!** 그리스도께서는 저들과 함께 길을 걸으셨습니다. 여기에 두 사람과 함께 길을 걸어가시는 주님이 계십니다. 그 두 사람은 나이가 많은 글로바 부부였습니다(참조, 눅 24:18 — 역자 주). 그리스도께서는 저들과 함께 걸어가셨을 뿐만 아니라 저들의 오두막집에서 유(留)하기도 하셨습니다.

저들이 엠마오에 가까이 이르자, 글로바 부인은 남편에게 다음과 같이 말했습니다. "그리스도께 잠시 쉬어 차를 드시게 하시지요." 그리스도께서는 멈추셨고 이젠 손님이 아닌 주인으로 들어오셨습니다. 그리스도께서 이제 막 주인 역할을 맡으신 것입니다. 저는 이 그리스도께서 삶의 모든 영역에서 어떻게 관련되시는지를 말하려고 합니다. 저는 여러분들께 부활하시어 살아계신 그리스도의 기적을 알아야 하고 그리스도께서 저들과 어떤 관련이 있는지 알아야 하는 세상 사람들이 저 밖에서 기다리고 있다고 말하고자 합니다. 그리스도께서는 우리에게 말랑말랑하고 가벼운 타피오카 푸딩(tapioca pudding)과 같은 형태로서가 아니라 권능으로 오십니다. 그리고 저는 증인이 될 수 있습니다.

저는 언제나 법(法)에 관심을 가져왔습니다. 법에 연루된 적은 없지만 법에 흥미를 갖고 있습니다. 그래서 저는 기회가 있을 때마다 법정에서 판사들과 변호사들을 보곤 합니다. 어느 날 심리(審理)중에 있는 한 성도를 구명(求命)하기 위해 법정에 출두한 적이 있었습니다. 저는 그를 잘 알고 있었으므로 두근거리는 마음으로 법정에 출두했습니다. 저는 앉아서 제 이름이 호명되기를 기다렸습니다. 그런데 제가 증언할 기회를 얻기도 전에 무엇인가를 보았습니다. 그것을 여기 모인 모든 성도들이 볼 수 있었더라면 좋을 텐데라고 생각합니다. 그들은 증인들을 내놓기 시작했습니다. 그들은 훌륭하게 보이는 한 여성을 증인으로 내놓았습니다. 그 여인은 일어서서 손을 들고 오직 진실만을 말할 것을 선서했습니다. 그 여인은 앉으라는 말에 착석했고, 변호사는 그 여인에게 물었습니다. "증인, 당신은 10월 모(某)일 밤에 무엇을 보았습니까?" 그 여인은 머리채를 뒤로 넘기더니 "글쎄요, 나는 무언가를 보았다고 생각해요"라고 말했습니다. 반대 심문을 하던 변호사가 손으로 자기 머리카락을 움켜쥐더니 발을 구르며 소리쳤습니다. "증인! 이 법정에서는 추측한 것을 가지고 증언하지 말아야 합니다. 당신은 증인입니다. 실제로 당신이 알고 있는 내용만을 말하세요!"

굉장하지 않습니까? 우리는 증인들입니다. 그리고 우리에게 임하신 성령께서는 우리를 증인으로 만드십니다. "너희가 …… 내 증인이 되리라."

성령께서는 의사소통의 능력을 주십니다.

이제 「사도행전」 2장 2-4절을 주목하시기를 바랍니다. 성령께서는 하늘로부터 급하고 강한 바람 같은 소리와 같이 임하셨습니다. "홀연히 하늘로부터 급하고 강한 바람 같은 소리가 있어 저희 앉은 온 집에 가득하며, 불의 혀 같이 갈라지는 것이 저희에게 보여 각 사람 위에 임하여 있더니, 저희가 다 성령의 충만함을 받고 성령이 말하게 하심을 따라 다른 방언으로 말하기를 시작하니라."(행 2:2-4) 성령께서는 저들에게 증언할 능력, 증언을 위한 하나님의 능력을 주시기 위해서만 임하신 것은 아닙니다. 거기에는 의사소통(意思疏通)의 권능도 있었습니다. 현대적인 통신 장비를 갖추기 오래 전에 이미 하나님께서는 그 당시에 저들에게 아주 탁월한 통신 장비를 만들어 주시기 위해 사람들의 삶 속에서 움직이셨던 것입니다. 온 나라의 사람들이 그 모임에 군집해 있었습니다. 며칠 후에 저들은 고향으로 돌아갔을 것입니다. 저들은 보잉(Boeing) 여객기나 그레이하운드(Greyhound) 고속버스나 혼다

(Hondas) 자동차를 타고 가지는 않았을 것입니다. 저들이 떠나기 전에 저들에게는 하나님의 놀라운 기적에 관한 메시지를 들을 필요가 있었습니다. 거기에 모인 성도들에게 하나님의 권능이 임했고, 저들에게 메시지를 쉽게 만들어줄 수 있는 말을 넣어주셨으며, 사람들은 그들이 저들의 방언으로 말하는 것을 들었습니다.

저는 여러분들께 바로 지금 이 시간이 우리의 삶 속에서 하나님의 능력을 받아 예수 그리스도의 메시지를 우리와 관련되고 우리에게 의미심장한 것으로 만들어야 할 필요성이 있음을 고백합니다. 저는 대학 캠퍼스에서 학생들이 "목사님, 우리는 이런 용어들을 이해할 수 없습니다"라고 말하는 것을 들은 적이 있습니다. 우리는 다시 한번 우리의 삶 속에 복음을 전하도록 도와주시며 메시지를 분명하고 쉽게 만드시는 성령의 능력을 필요로 합니다. 그리고 이것이 성령께서 초대교회에서 성취하신 일이십니다.

「사도행전」 4장에 흥미로운 말씀이 있습니다. 저들은 기도를 드렸는데 기도 끝부분에 "주여, 이제도 저희의 위협함을 하감하시옵고"라고 했습니다. 저희란 밖에 몰려든 무리를 말합니다. 그리고 저들은 위협하며 이렇게 말했습니다. "너희 입을 다물라. 예수 그리스도에 대해 감히 말하지 말라." 이때 드린 기도는 다음과 같습니다. "주여 이제도 저희의 위협함을 하감하옵시고 또 종들로 하여금 담대히 하나님의 말씀을 전하게 하여 주옵시며, 손을 내밀어 병을 낫게 하옵시고 표적과 기사가 거룩한 종 예수의 이름으로 이루어지게 하옵소서 하더라. 빌기를 다하매 모인 곳이 진동하더니 무리가 다 성령이 충만하여 담대히 하나님의 말씀을 전하니라."(행 4:29-31).

여러분들께서는 저들이 모여 기도하는 모습 속에서 '담대히'라는 말씀을 두 번 발견하셨을 것입니다. 여러분들께서 신약성경의 다른 흥미로운 성경구절, 즉 「요한복음」 11장에서 이와 같은 구절이 또다시 사용되었음을 깨닫지 못했다면, 그 말씀의 놀라움을 놓쳐버리신 것입니다. 여러분은 한 소년이 자전거를 타고 주 예수께 전보(電報)를 전한 날을 기억할 것입니다. 마리아와 마르다는 예수께 전보를 보냈습니다. "주여, 보시옵소서. 사랑하시는 자, 나사로가 병들었나이다. 즉시 와주십시오"(요 11:3, 서젠의 의역이다 – 역자 주). 그런데 예수께서는 즉시 오시지 않았습니다. 예수께서는 이 소식에 대해 제자들과 이렇게 말씀하셨습니다. "우리 친구 나사로가 잠들었도다."(요 11:11) 저들 중의 한 제자가 다른 제자에게 이렇게 말했습니다. "나사로가 잠들었다면, 내가 어젯밤 잔 것보다 더 푹 자고 있을꺼야. 나는 수면제로 소미넥스(Sominex) 두 알과 니톨(Nytol) 한 알을 먹었는데도 밤새 잠들지 못했거든. 예수께서 무엇을 말씀하시는 거지? 예수님은 왜 실제로 일어난 일을 우리에게 말해주지 않으시지?" 그리고 다음 구절에서 예수께서는 그들을 향하여 이렇게 말씀하셨습니다. "나사로가 죽었느니라."(요 11:14) 그들은 이렇게 말했습니다. "이제 잘 알겠습니다. 우리는 그 말씀을 이해할 수 있습니다. 이제 당신은 우리에게 밝히 일러주십니다."(14절, 서젠의 의역 – 역자 주) 여러분들께서는 이 말씀(밝히)이 바로 '담대히' 라는 말씀과 동일한 말씀이라는 것을 아실 것입니다. 초대교회는 함께 모여 하나님의 보좌로 올라가는 위대한 합창과도 같은 엄청나게 위대한 기도를 드렸습니다. "오, 하나님! 우리를 성령으로 충만하게 하사 당신이 우리에게 주신 말씀을 밝히(담대히) 전하게 하소서."

얼마 전에 저는 어떤 조찬(朝餐) 모임에 초대를 받았습니다. 우리 주(州)에서 열린 것이었는데 각지에서 천 명 정도의 경영인이 참석한 거대한 모임이었습니다. 식사가 끝난 후에 연사(演士)가 소개되었습니다. 그는 그곳에 모인 천 명에게 30분 동안 말했습니다. 천 명에게 30분이란 합하면 5백 시간을 의미합니다. 저는 냅킨에 이 강연 내용을 모두 받아 적었습니다. 회비가 2천 달러였으므로 5백 시간으로 환산하자면 시간 당 4달러짜리 값비싼 연설이었습니다. 연사가 강연을 마치자 옆 테이블에 앉아있던 육중한 경영인이 옆 사람에게 물었습다. "뭐라고 말한 거죠?" 30분 동안의 연설, 천 명의 5백 시간, 그러나 어느 누구도 그 내용을 제대로 전달받지 못했던 것입니다.

주일 아침마다 여러분들 중 많은 분들이 교회학교에서 아이들을 가르칠 것입니다. 우리가 기도하지 않는다면 학생들 앞에서 우리에게 할당된 3,40분 동안 어떻게 가르칠 수 있을까요? 하나님께서는 성령으로 말미암아 우리를 도와 메시지를 쉽게 만들어 주실 것입니다. 우리에게 얼마나 큰 책임이 부여되어 있습니까? 우리에게 얼마나 큰 기회가 부여되어 있는 것일까요? 우리 삶 속에 하나님께서 성령을 부어주심으로써 하나님의 말씀을 붙잡게 하고, 그 말씀을 우리가 살아가고 있는 시대에 적합하게 만들어주시는 것입니다. 당시에 그것이 필요했으며 그리고 오늘날에도 여전히 필요합니다.

그러므로 성령께서는 저들을 증인으로 삼으시기 위하여 임하신 것입니다. 저들에게 임하신 성령은 저들에게 말(言語)을 주셨습니다. 저는 「사도행전」에서 "저들이 말하므로 많은 무리가 믿었다"는 구절을 좋아합니다. 말씀은 오직 하나님의 권능에 의해서만 전달될 수 있기 때문입니다.

성령께서는 선한 상식을 주십니다.

세 번째 역사하심이 있는데, 이는 「사도행전」 6장 1절에서 발견됩니다.

> 그때에 제자가 더 많아졌는데 헬라파 유대인들이
> 자기의 과부들이 그 매일 구제에 빠지므로
> 히브리파 사람을 원망한대

교회 안에서 일대 위기가 발생했습니다. 헬라인들과 히브리인들 사이에 분열(分裂)이 생긴 것입니다. 물론 히브리 사람들이 다수를 이루고 있었습니다.

> 열 두 사도가 모든 제자를 불러 이르되
> 우리가 하나님의 말씀을 제쳐놓고
> 공궤를 일삼는 것이 마땅치 아니하니
> 형제들아 너희 가운데서 성령과 지혜가 충만하여
> 칭찬 듣는 사람 일곱을 택하라.(행 6:2-3)

윌리엄은 이 구절을 "성령과 실천의 선한 상식이 충만하여"라고 번역했습니다. 이처럼 성령께서 우리에게 임하실 때, 우리에게 선한 상식을 주실 것입니다.

우리는 지금 위기의 시대를 살아가고 있습니다. 교회를 버려야 한다고 말하는 사람들도 있습니다. 물론 우리는 작은 세포(細胞)가 되어 세상 속으로 나가 도처에 흩어져야 하겠지만, 오늘날 하나님께서 교회에서 행하시는 기적은 잊지 말아야 합니다. 어떤 분들은 메시지를 바꿔야 한다고 말씀하기도 하고, 어떤 분들은 음악을 바꿔야 한다고 말씀하기도 합니다. 때론 "아니, 나는 펜을 들고 교회의 모든 약점을 폭로할 테야"라고 말하는 분들도 계십니다. 문제를 해결할 수 있는 매우 실천적이고 영적인 감각을 가진 사람을 찾아낼 수 있다면 그것은 위대한 일이 아니겠습니까? 이제 여러분들께서는 이러한 것들이 실제로 정확하게 초대교회에서도 발생한 사건임을 믿기 바랍니다. 여러분들께서 성령으로 충만하여 선한 상식을 사용하는 교회를 본다면, 제가 목사로서 직면하게 되는 많은 문제들이 어렵지 않게 풀릴 수 있을 것입니다. 저들이 행한 것에 주목하시기 바랍니다. 저들은 기도의 모임을 가졌습니다. "우리는 기도하는 것과 말씀 전하는 것을 전무하리라 하니, 온 무리가 이 말을 기뻐하여 믿음과 성령이 충만한 사람 스데반"(행 6:4-5)을 포함, 일곱 사람을 택했습니다. 성경에는 택함을 받은 일곱 명의 이름(스데반, 빌립, 브로고로, 니가노르, 디몬, 바메나, 니골라)이 열거되고 있습니다.

여러분들께서는 이것을 이미 알고 계십니다. 위기의 때에 선한 상식, 실천적인 감각을 떠올리는 것이 유익하지 않겠습니까? 교회를 분열에서 막고, 그 적대자들의 비난으로부터 교회를 보호하고 그 날에 초대교회를 구한 것, 그것은 바로 선한 상식(good common sense)이었습니다! 그렇다면 저들이 무엇을 행했을까요? 저들은 사람들을 세우기 위해 함께 모였습니다. 대다수가 히브리인들이었다는 것을 기억하십시오. 그런데 이 히브리인들의 대다수가 어떻게 행했는지 아십니까? 저들은 모두 헬라인들을 선출했습니다. 저들은 이렇게 말했을 것입니다. "이거 큰일이 아닌가? 우리는 지금 선한 상식을 사용해야 할 절호의 기회를 맞이했네." 하나님의 영이 하나님의 백성들의 가시적인 모임인 지역 교회의 성도들에게 충만하게 되었습니다. 저들은 투표를 했고 히브리인들은 모두 헬라인들에게 기표했습니다. 저들이 그 날의 위기를 구한 것입니다. 그리고 우리는 성경을 통해 예루살렘의 큰 무리가 믿었고, 제사장들도 구원을 받았으며, 교회가 새 힘을 얻고, 하나님께서 일으키시는 부흥의 불길이 타오르기 시작했다는 보도를 읽게 됩니다. 왜 그러했을까요? 그 지역 교회에서 선한 상식을 활용하는 성도들이 있었기 때문입니다. 이 선한 상식이 많은 문제를 풀 수 있었기 때문입니다.

얼마 전에 한 동료가 제게 이렇게 말했습니다. "자넨, 옷 입을 때에 어떤 문제에 부딪치지 않나?" "아니, 그렇지 않아." "왜 그렇지 않지?" "선한 상식이 옷을 어떻게 입어야 하는지를 내게 가르쳐 주니까!" 선한 상식은 우리가 어떻게 행할 것인가에 대해 우리에게 가르쳐 줍니다. 선한 상식은 우리의 대화 중에 우리를 도와줄 것입니다. 우리가 성령께 우리 삶 속에 들어오실 기회를 드린다면 선한 상식이 우리의 전 존재에 파급될 것입니다. 오늘 아침에 제가 무엇을 했는지 혹시 아십니까? 저는 이 아침에 기도를 드렸습니다. 왜냐하면 제가 너무 오랫동안 상식을 너무 낮게 평가해 왔다는 것을 깨달았기 때문입니다. 인간적으로 말하자면, 여러분들께서 사람들과 교제해야 할 상황이 자주 있을 것입니다. 여러분들께서는 살아계신 하나님과 교제해야 합니다. 하나님께서는 성령으로 말미암아 내주(內住)하실 것이며, 그 시간에 여러분에게 선한 상식을 주실 것입니다. 저는 항상 눈에 보이는 성령의 충만함에 대해 흥분해 왔었습니다. 그러나 제가 어떻게 가족과 함께 살아갈 때에, 저를 바라보는 위원회의 사람들과 만날 때마다, 사람들과 담소할 때에 제게 상식을 주시는 성령의 충만함에 대해 말할 수 있겠습니까? 오, 성도들이여! 여러분들은 지금보다 더 실천적일 수 없다고 상상하십니까? 그럴 수 있다고 생각하십니까?

성령께서는 기쁨을 주십니다.

성령이 우리에게 임하시면 우리는 권능을 받게 될 것입니다. 적대감이 넘치는 이 세상에서, 우호적이지 않은 이 세상에서 증언할 권능을 받게 될 것입니다. 그리고 이 메시지를 오늘날의 세상과 관련된 것으로 만들 수 있는 말씀의 권능을 받게 될 것입니다. 우리는 선한 상식을 받게 될 것입니다. 그리하여 삶의 상황에서 좌절하거나 분열되지 않도록 선한 실천적인 감각을 받게 될 것입니다. 이제 여기에 다른 본보기가 있습니다. 이것은 성도들의 삶 속에서 하나님의 역사로서의 성령의 위대하신 역사를 최고점에 이르게 한 것처럼 보입니다. "이에 유대인들이 경건한 귀부인들과 그 성내 유력자들을 선동하여 바울과 바나바를 핍박케 하여 그 지경에서 쫓아내니."(행 13:50) 차라리 이날은 바울과 바나바에게는 우울한 날이었을 것입니다. 다행히도 저에게는 아직까지 이러한 일이 일어난 적은 없습니다. 그런데 만약 "목사님, 당신은 지금까지 잘 계셨으니 이제는 나가주십시오" 하고 저를 쫓아낸다면 아마도 저는 어찌해야 할지 모를 것입니다. 도시를 떠나면서 바울은 바나바에게 이렇게 말했을 것입니다. "저 모퉁이에 있는 약국에 들르세. 진정제 버퍼린(Bufferin)을 좀 구해야겠네. 형제여, 이제 글렀어. 이제 그만이야." 이에 바나바는 이렇게 말했을 것입니다. "바울 형제여, 난 사실 우리가 출발할 때부터 이 여행에 대해 의심해왔다네. 난 늘 인도하심에 관한 형제의 가르침에 대해 의문을 품어왔어. 이게 그 요점이야. 우리는 이 도시에 왔고 우리는 하나님께 신실했어. 우리는 하나님의 말씀을 전했는데, 저들이 이제 '너희는 나가라'고 말해." 그들은 그렇게 말하면서 폭스바겐(Volkswagen)에 앉아 있었을 것입니다. 그리고 저들은 이후 한 마디의 말도 하지 않았을 것입니다. 그런데, 다음을 보시기 바랍니다. "두 사람이 저희를 향하여 발에 티끌을 떨어 버리고 이고니온으로 가거늘 제자들은 기쁨과 성령이 충만하니라"(행 13:51-52). 놀랍지 않습니까! 여러분은 그것을 믿으십니까? 저는 믿을 수가 없습니다. "우리는 더 이상 당신의 메시지를 원치 않아요. 우리는 당신의 가르침에 참을 수 없어요. 그러니 나가주세요!"라고 들었을 때, 우리의 마음이 열광적인 기쁨으로 충만하겠습니까? 저는 모르겠습니다. 여러분들께서는 아시나요?

제 친구 하나가 주머니에 사직서(辭職書)를 넣고 인사위원회에 들어갔습니다. 시간이 대충 지나자, 그는 주머니에 손을 집어넣었습니다. 그때 위원 한 사람이 "나는 그를 유임(留任)하기로 동의합니다"라고 말했습니다. 그러자 그는 사직서를 제출하는 일에 지체하게 되었습니다. 다음 날 아침 제게 전화했을 때, 그는 매우 슬퍼하고 있었습니다. 결국 해임되었던 것입니다.

그리스도인의 삶 속에 거하시며 그의 삶을 충만케 하시는 성령께서 모든 상황 중에서 가장 어려운 상황에 처한 성도를 예수 그리스도 안에서 기뻐하고 즐거워하게 하신다고 상상해 보십시오. 저는 여러분들께 영(Young)이나 스트롱(Strong)이나 크루덴(Cruden)이 편찬한 『성구사전 Concordance』에서 「사도행전」에 나오는 **기쁨(JOY)**이라는 주제를 샅샅이 살펴볼 것을 권해드립니다. 기쁨이라는 말은 「사도행전」에 스물 한 번 나옵니다. 초대교회의 성도들에게는 무엇인가 특별한 것이 있었습니다. 저들은 기뻐하고 즐거워하는 사람들이었던 것입니다. 어떤 사람들은 기쁨이 영혼 속에 있는 하나님의 생명의 메아리라고 말합니다. 그것을 오늘 자신의 영혼 속에 있는 하나님의 기쁨이라고 생각하시기를 바랍니다. 저는 다음과 같은 흥미로운 것을 발견했습니다. 저들은 「사도행전」 2장을 보면 친교의 기쁨을 가졌습니다. 「사도행전」 5장을 통해 저들은 고난의 기쁨 또한 가졌습니다. 그리고 「사도행전」 12장에서 기도하는 중에 누리는 기쁨도 가졌습니다. 「사도행전」 15장에서는 하나님께서 저들에게 계시해주신 것을 즐거워하기도 했습니다. 이 성도들은 저들의 삶에 들어온 모든 것을 기뻐하고 즐거워해야 할 기회로 삼았던 것입니다.

저는 가끔 라디오 청취자로부터 편지를 받습니다. 저들은 이렇게 말하곤 합니다. "서젠 목사님, 우린 목사님이 너무 행복하다고 느끼곤 한답니다." 학생! 내 말을 알아들었군! 그리스도인이 이 세상의 가파른 오르막길을 통해 그리고 위험과 수고와 고난을 통해 하늘나라로 간다는 것을 상상해 보십시오. 그리스도인은 하늘나라라는 목적지로 인하여, 지옥에서 빠져나왔다는 것을 인하여, 그에게 내주(內住)하시는 성령으로 인하여 기뻐하고 즐거워해야 합니다. 저는 우리가 영적인 삶에 있어 기쁨이 너무도 적었기 때문에, 우리 자신들을 매정하게 대하고 세대간의 갈등을 만들어 냈다고 생각합니다. 우리는 무미건조하고 음울하며 평범하게 지내고 있습니다. 저는 매일 아침 일어나자마자 하나님께 기도를 드립니다. "오, 주님! 상투적인 것(그것은 종말의 때에 자신을 기진맥진하게 만드는 무덤입니다)에서 저를 구원해 주소서. 무미건조한 삶을 살게 하는 상투적인 것에서 저를 건져내 주소서. 제가 상투적인 것에 얽매어 있다면, 제가 무언가를 가지고 있다고 하더라도, 아무도 제가 가지고 있는 것을 원하지 않을 것입니다." 저들은 박해를 받는 와중에서도 기쁨으로 충만했던 것을 기억하시기를 바랍니다.

저들은 증인들이었습니다. 하나님께서 저들에게 말을 주셨습니다. 하나님께서는 저들에게 하나님의 일을 취하여 당신께서 말씀하신 것을 절실히 알 필요가 있는 사람들에게 담대히(밝히) 말할 수 있게 하셨습니다. 하나님께서는 저들에게 기쁨을 주셨고 저들은 어려운 상황 가운데서도 승리하게 되었습니다.

저는 설교자를 좋아합니다. 설교하는 동료들의 책이 제 서가(書架)를 꽉 채우고 있습니다. 저는 스펄전(Spurgeon)이 쓴 설교집을 거의 다 소장하고 있는 것 같습니다. 그러나 테오도어 커일러(Theodore Cuyler)라는 이름으로 동시대를 살았던 다른 동료의 것 또한 갖고 있습니다. 그의 책은 무척이나 재미있습니다. 어느 날 스펄전과 커일러가 함께 휴일을 보냈습니다. 그들은 잉글랜드의 시냇가를 따라 걸으며 물고기도 보고 돌팔매질을 하며 이야기를 나누었습니다. 어느 날 아침 그들이 목장 길을 따라 걸을 때에 커일러가 재미있는 이야기를 꺼냈습니다. 커일러가 이야기하자 스펄전은 웃음보를 터트렸습니다. 스펄전은 문득 멈추어 서더니 통통한 팔을 뻗어 친구를 껴안으며 이렇게 말했습니다. "커일러, 오늘 아침 기도하러 내려가세. 그리고 우리가 웃을 수 있었던 것에 대해 하나님께 감사드리세."

바로 그렇게 생각하시기를 바랍니다! 우리 삶의 여건이 아무리 어렵다고 할지라도, 우리가 처해 있는 상황이 아무리 어려울지라도, 하나님을 아는 기쁨은 우리의 처지보다 더 풍성하게 성령으로 우리를 충만하게 채워주실 것입니다. 그것이 이 아침, 우리가 가져야 할 소망입니다. 우리는 실제로 "살아계신 하나님의 영이시여, 제게 새롭게 임하소서(Spirit of the living God, fall afresh on me)"라는 찬송을 부를 수 있습니다. 저는 제가 온 길로 돌아가기를 원치 않습니다. 여러분도 그러하신가요? 저는 다른 길을 통해 집에 가고 싶습니다. 그리고 저는 여러분들이 갖고 계시는 마음의 소망을 알고 있습니다. 그리고 저는 하나님께서 우리를 위해 그의 영의 충만하심으로 준비하신 능력이 오늘 우리의 것이 되게 해주시리라는 것을 믿습니다.

성령의 역사하심

로버트 머리 맥체인(Robert Murray McCheyne, 1813~1843)은 스코틀랜드 장로교회가 배출한 가장 아름다운 명사(名士) 가운데 한 사람이다. 던디(Dundee)에서 출생, 에딘버러 대학에서 교육을 받고 1835년에 설교할 자격을 갖춘 준목(準牧)이 되었다. 그는 1836년에 목사 안수를 받고 던디에 있는 성 베드로 교회의 목사로 취임하여 목회로 봉사하다 30세 생일을 맞이하기 2개월 전에 때 이른 죽음을 맞이했다. 그는 고결한 성품과 마음을 파고드는 말씀으로 유명했고, 많은 사람들이 그의 설교를 듣기 위해 몰려들었다. 앤드류 보나(Andrew Bonar)가 지은 『로버트 머리 맥체인의 전기와 유고 The Memoirs of and Remains of Robert Murray McCheyne』는 목사라면 반드시 읽어야 하는 기독교 고전이다.

이 설교는 1846년에 윌리엄 올리판트 출판사(William Oliphant and Co.)가 발행한 『맥체인 목사의 추가 유고 Additional Remains of The Rev. R. M. McCheyne』에 포함되어 있다.

10

로버트 머리 맥체인(Robert Murray McCheyne)

성령의 역사하심

"하나님의 신은 수면에 운행하시니라."(창세기 1:2)

어떤 주제라도 하나님의 영에 관한 주제보다 더 까다로운 주제는 없을 것입니다. 이 시대의 많은 사람들이 진심으로 이 주제에 대해 응답하려 한다면, 에베소의 열두 사람처럼 "우리는 성령이 있음도 듣지 못하였노라"(행 19:2)고 고백하게 될 것입니다. 하지만 여러분들께서 진정으로 구원받기를 원하신다면, 무엇보다 먼저 성령을 알아야 합니다. 왜냐하면 가련한 죄인을 그리스도께 인도하는 것이 바로 성령의 역사이기 때문입니다. 어느 한 소년이 죽어가면서 이렇게 말했습니다. "하나님은 삼위일체 하나님이세요. 성부이신 하나님은 나를 지으시고 지켜주셨어요. 성자이신 하나님은 이 세상에 오셔서 나를 위해 돌아가셨죠. 성령이신 하나님은 내 마음에 오셔서 저로 하여금 하나님을 사랑하고 죄를 미워하게 하셨답니다!" 친애하는 성도들이여, 행복하게 죽고자 한다면, 죽어갈 때에 이 같은 증언을 해야 할 것입니다. 여러분들께서는 사도 요한의 "하나님은 사랑이심이라"(요I 4:8)라는 고백을 잘 알고 계실 것입니다. 성부이신 하나님께서 죄인들을 위하여 그의 독생자를 내어주셨다는 이 말은 참된 것입니다. 성자이신 하나님께서 육신을 입고 죄인들을 위해

돌아가셨다는 이 말도 참된 것입니다. 성령이신 하나님께서 죄인들의 심령 속에서 그의 모든 역사를 행하신다는 이 말도 참된 것입니다. 지금 저는 세상 속에서 사람들을 위하여 행하신 것을 주목해 봄으로써 여러분들께 성령의 사랑을 제시하고자 합니다. 오늘 저는 창조 때와 홍수가 났을 때와 광야에 있을 때의 성령의 역사를 여러분에게 보여드릴 것입니다.

창조 때의 성령의 역사

"하나님의 신은 수면에 운행하시니라."(창 1:2) 이 표현은 둥지를 덮고 있는 비둘기의 형상에서 따온 것입니다. "주의 영을 보내어 저희를 창조하사 지면을 새롭게 하시나이다."(시 104:30) 여기에서는 영이 지면(地面)을 새롭게 하신다고 말씀하고 있습니다. 그가 모든 풀잎을 솟아오르게 하셨고, 모든 꽃을 활짝 피게 하셨으며, 모든 나무를 꽃피게 하셨습니다. "그 신으로 하늘을 단장하시고."(욥 26:13) 말하자면 하나님께서는 우리로 하여금 한밤중의 하늘을 바라보게 하십니다. 온통 반짝이는 별들로 흩뿌려져 있는 눈부신 은하수를 응시할 때, 하나님께서는 저들의 모든 밝음과 아름다움을 주신 이가 바로 사랑의 성령임을 우리에게 말씀하실 것입니다. 거울과 같은 잔잔한 바다와 초록빛 대지와 반짝이는 하늘에 있는 아름다운 것이라면 무엇이든지 관찰해 보십시오. 그것은 모두 성령의 역사이십니다. 성부 하나님께서 모든 것을 설계하셨습니다. 성자이신 하나님께서 모든 것을 지으셨습니다. 성령이신 하나님께서 장식하시고 모두에게 생명과 사랑스러움을 주셨습니다. 오! 타락하지 않은 세상은 얼마나 아름다운 세상입니까! 성자이신 하나님께서 낙원에서 아담과 함께 거니셨을 때, 성령이신 하나님께서 물을 주시고 새롭게 하셨을 때, 성부이신 하나님께서 내려다보시고 모든 것이 보시기에 좋다고 말씀하셨습니다.

첫째로, **성령의 사랑**을 배우시기 바랍니다. 그는 인간이 거주하는 장소가 아름답게 되기를 원하십니다. 그는 우리의 기쁨이 충만케 되기를 원하십니다. 그는 생명과 아름다움으로 충만한 바다를 지으시고 이 세상이 충만하기를 바라십니다. 그는 인간을 위해 푸른 초장을 지으셨고, 특히 인간의 기쁨을 위해 저 위의 빛나는 창공을 만드셨습니다. 땅이나 바다나 하늘에 있는 아름다운 것은 무엇이든지 그의 전능하신 손길의 흔적임에 틀림없습니다. 여러분들께서는 성령에 대한 생각 없이 세상의 아름다움을 보아서는 안 됩니다. 성령께서 바다 수면 위를 운행하시고, 땅 표면을 새롭게 하시며, 하늘을 별들로 장식하셨기 때문입니다.

둘째로, **성령의 거룩하심**을 배우시기 바랍니다. 태초로부터 그는 성령이셨으며, 눈보다 더 순수한 눈동자이셨습니다. 처음 세상은 죄 없는 세상이었습니다. 바다가 더럽혀진 적이 없었으며, 푸른 대지가 죄인의 발로 짓밟혀진 적이 없었습니다. 처음 세상은 거룩하고 거룩하며 거룩한 세상이었고 살아계신 하나님의 성전(聖殿)이었습니다. 높은 산들이 그 기둥이었으며, 반짝이는 하늘이 그 천장(天障)이었습니다. 멀리서 울려퍼지는 대양(大洋)이, 언덕들이 찬송하기 시작했고 들의 모든 나무들이 손뼉을 쳤습니다. 의심의 구름이 버티지 못하도록 구름이 솔로몬의 성전에 충만했듯이, 성령께서 아버지 하나님을 찬양하기 위해 거룩하고 죄가 없는 이 성전에 충만했습니다. 인간이 죄에 빠지고 땅이 그로 인해 저주를 받았을 때, 그제야 성령께서는 성전을 떠나셨습니다. 그는 죄가 있는 곳에는 거하시지 않으십니다. 여러분들은 간혹 성령께서 비둘기같이 그의 머리 위에 머무시기 전까지는 되돌아오지 않으시리라는 것을 깨닫지 못하는 것 같습니다.

영혼은 이와 같습니다. 여러분들의 영혼이 성령께서 보시기에 범죄하고 오염되며 타락해 있는 한, 그는 여러분의 심령에 거하지 않으실 것입니다. 성령께서는 사랑하는 영이십니다. 성령께서는 여러분들을 거룩하게 만드시려는 자비로운 소망으로 충만하십니다. 그러나 그가 보시기에 여러분들이 범죄를 저지르는 한, 성령께서는 여러분들 안에 거하실 수 없습니다. 그의 본성에 어긋나기 때문입니다. 죄인들이여! 예수의 보혈을 향해 오시기를 바랍니다! 여러분들을 눈과 같이 희게 만드시는 보혈을 향해 오시기를 바랍니다. 그때에 성령께서 여러분들 안에 죄가 없어진 것을 보고 맨 처음 죄 없는 세상에 거하신 것과 같이 여러분들의 마음에 오사 그곳에 거하실 것입니다. 성령께서 둥지를 보살피는 비둘기처럼 바다 위를 운행하시는 바와 같이, 땅에 있는 여러분들의 마음에 그의 둥지를 트실 것이며, 여러분들의 심령을 거듭나게 하실 것입니다. 성령께서 하늘을 장식하신 것과 같이 여러분들의 영혼을 아름답게 만드실 것입니다. 성령께서 여러분들을 별들과 같이 영원히 빛나게 하실 것입니다.

홍수가 났을 때의 성령의 역사

"나의 신이 영원히 사람과 함께 하지 아니하리니 이는 그들이 육체가 됨이라 그러나 그들의 날은 일백 이십년이 되리라."(창 6:3) 이 얼마나 놀라운 장면입니까! 여기에서도 우리는 성령께서 사랑하시는 영이시라는 사실을 배우게 될 것이며, 하나님께서 세상을 창조하실 때 세상을 아름답게 하시는 영이 그곳에 계셨다는 것을 발견하게 될 것입니다. 성령께서는 성전에서 거하시는 것과 동일하게 세상 속에서도 거하시며, 이것은 땅과 바다와 하늘이 모두 죄 없는 세상이었다는 것을 선포하고 있는 것입니다. 그러나 그로부터 천오백 년이 흘렀습니다. 온 세상은 불경한 종족(種族)들로 뒤덮이지게 되었습니다. 그들은 몸이 장대해졌고 사악함도 장대했습니다.

"하나님이 보신즉 땅이 패괴하였으니."(창 6:12) 모두 하나같이 타락한 무리들뿐이었습니다. 모든 육체가 타락한 길을 걸었기 때문에 "발바닥에서 머리까지 성한 곳이 없이"(사 1:6) 되었습니다. 부패한 몸이 사람 보기에도 메스껍듯, 세상도 하나님 보시기에 메스꺼웠을 것입니다. 더 심각하게도 땅이 폭력으로 가득했습니다. 남아 있는 극소수의 하나님의 자녀들은 미움을 샀고 박해를 받았습니다. 하나님의 자녀들이 산 위에서 죽임을 당했습니다. 여호와께서는 사람을 지으신 것을 후회하셨고, 그것이 여호와의 마음을 아프게 했습니다.

그럼 과연 성령께서는 어떻게 하셨을까요? 성령께서는 죄인들에게 거하지 않으십니다. 성령께서는 성령을 모독하는 죄인들에게는 거하지 않으십니다. 왜냐하면 그가 바로 성령이시기 때문입니다. 그럼에도 성령께서는 사람들을 구하려고 애쓰시되 끝까지 애쓰십니다. 사람들은 죄에서는 장대한 사람들입니다. 저들의 마음에 품은 상상력은 끊임없이 악한 것뿐입니다. 그리고 이것이 바로 그가 구하려고 애쓰시는 이유입니다. 성령께서는 저들 곁에 지옥이 가까이 와있는 것을 보십니다. 이에 성령께서는 저들을 구하려 애쓰시는 것입니다. 성령께서는 노아의 설교를 통해 저들에게 호소하셨으며, 저들의 위험과 죄와 불행에 대하여 생각하게 만드셨습니다. 성령께서는 방주(方舟)를 준비하게 하시면서 저들에게 호소하시고 저들에게 안전에 이르는 길을 보여주시며 "아직도 방이 남아 있다"고 말씀하셨습니다. 성령께서는 망치를 두드릴 때마다 저들의 심령을 향해 말씀하신 것입니다.

첫째로, 우리는 이로부터 성령께서 **구원하기 위해 애쓰시는 영**이심을 알게 됩니다. 오, 죄 가운데 사는 사람들이여! 사랑하시는 영이 이제 여러분들을 구원하기 위해 애쓰시는 영이라는 것을 배우시기 바랍니다. 죄 가운데 사는 사람들은 진노의 하나님만을 기억하므로 그에게로 되돌아오지 않습니다. 진실로, "하나님은 …… 매일 분노하시는 하나님이시로다."(시 7:11) 그러나 하나님께서는 날마다 악인들을 구원하기 위해 애쓰십니다. 하나님께서는 여러분들을 구원하기 위해 성령을 보내 주신 것입니다. 오, 사랑하시는 영은 여러분들을 지옥에 빠지도록 버리지 않으시고 오히려 구원하기 위해 애쓰시며 말씀하십니다! "돌이키고 돌이키라 …… 어찌 죽고자 하느냐."(겔 33:11)

몇몇 분들은 이렇게 말씀하실 것입니다. "나는 사악함에는 장대한 사람이다. 나는 부패했고 하나님의 자녀들에게 폭력을 가했다." 사실입니다. 하지만 그가 얼마나 사악함에 장대한 사람들을 구원하기 위해 애쓰시는지를 보십시오. 온 세상이 부패하고 폭력으로 가득 차 있습니다. 그럼에도 그는 구원하려 애쓰십니다. 그렇기 때문에 그는 여러분들이 어떠한 상태에 있든 여러분들을 구원하려 애쓰실 것입니다. 그는 사랑하시는 영이십니다. 여러분이 혼자일 때 그는 목사를 통해, 성경을 통해 혹은 섭리에 의해 구원하려 애쓰십니다. 성령께서 여러분과 함께 씨름하고 여러분의 죄를 기억나게 하시며 여러분들을 두려워 떨게 하고 소돔의 천사들과 같이 멸망에서 벗어날 수 있도록 애쓰십니다. 오, 지옥에 던져져야 마땅한 벌레 같은 우리들을 구원하시는 그 사랑은 얼마나 큰 사랑입니까! "목이 곧고 마음과 귀에 할례를 받지 못한 사람들아 너희가 항상 성령을 거스려 너희 조상과 같이 너희도 하는도다."(행 7:51)

우리는 또한 성령께서 **오랫동안 참으시는 영**이라는 것을 알게 됩니다. 그는 홍수가 나기 전에 이미 일백 이십 년 동안 사람들의 구원을 위해 애쓰셨습니다. 그리고 홍수가 올 때까지 그 일을 쉬지 않으셨습니다. 여러분들은 주일학교에 있을 때나 첫 번째 성례를 받을 때에, 하나님의 영이 여러분들을 구원하시려 애쓰셨다는 것을 기억할 것입니다. 여러분들은 여러분들의 영혼을 위해 울며 기도했을 것입니다. 그러나 세상이 여러분들에게 다가오자 그때부터 여러분들은 그가 더 이상 여러분들을 구원하기 위해 애쓰시지 않을까 두려워합니다. 하지만 그는 지금도 여전히 여러분들을 구원하기 위해 애쓰십니다. "귀 있는 자는 성령이 교회들에게 하시는 말씀을 들을지어다."(계 2:7 등)

우리는 또한 그가 언제나 구원하기 위해 애쓰시는 것은 아니라는 것을 알게 됩니다. 성령께서는 홍수가 오기 전까지 사람들의 구원을 위해 애쓰셨지만 막상 홍수가 나자 더 이상은 애쓰지 않으셨다는 것에 주목하시기 바랍니다. 마침내 홍수가 왔고 저들을 모두 휩쓸어버렸습니다. 사랑하는 성도들이여! 여러분들도 이와 같습니다. 우리의 목회가 지속되는 한, 성령께서는 여러분들을 구원하기 위해 애쓰실 것입니다. 그러나 죽음이 오고 구세주가 오실 때, 성령께서는 더 이상 구원을 위해 애쓰지 않으실 것입니다. 아아! 여러분들은 어느 누구도 지옥의 초대장을 받지 않게 되기를 소망합니다. 오! 저들을 구원하기 위해 하나님의 영께서 그렇게 애를 쓰심에도 불구하고 수많은 사람들이 결국에는 멸망할 것이라고 생각하는 것은 그 얼마나 슬픈 일입니까!

광야에 있을 때의 성령의 역사

홍수가 있은 지 일천 년이 지난 후에 하나님께서 만 백성 가운데 특수한 백성(히브리 족속)을 택하시고 그들을 구별하여 광야에 처하게 하셨다는 것을 발견합니다. 여기에서도 성령께서는 자신이 여전히 사랑하시는 영이라는 것을 우리에게 보여주십니다.

성령께서는 그리스도를 영화롭게 하는 분이십니다. 성령의 인도하심으로 인해 브살렐과 오홀리압은 회막을 세우고 속죄소(贖罪所)와 제단(祭壇)과 대제사장의 성의(聖衣)를 만들었습니다(출 31:1-11). 그리고 이 모든 것이 그리스도를 예시합니다. 여기에서 성령께서는 이 사람들에게 이스라엘의 백성들을 구원해내실 구원자를 보여주신 것입니다. 이스라엘 백성들이 광야에서 성령을 아프게 하고 슬프게 했음에도 불구하고 자비롭게도 저들을 평안과 거룩함에로 인도하기 위하여 저들 가운데 그리스도를 예표하시는 그를 보시기를 바랍니다! 이것이 바로 그리스도께서 성령에 대해 말씀하신 내용입니다. "그가 내 영광을 나타내리니 내 것을 가지고 너희에게 알리겠음이니라."(요 16:14)

사랑하는 성도 여러분! 성령께서 여러분에게 그리스도를 영화롭게 하셨습니까? 성령께서는 지금도 여전히 위대한 그리스도의 계시자(啓示者)이십니다. 성령께서는 우리 마음에 빛을 비추어 주시고 우리에게 그리스도의 얼굴에 나타난 하나님의 영광을 아는 지식의 빛을 주십니다. 성령께서 여러분들을 세상 죄를 지고 가시는 하나님의 어린양에게로 인도하셨습니까? 성령께서 여러분들에게 대제사장의 성의를 입혀 주셨습니까? 성령께서 여러분들을 장막 안으로 인도하셨습니까? 이것은 그가 기뻐하시는 일입니다. 지상에서 영혼들을 그리스도에게로 인도하며 세례 요한과 같이 그를 가리키며, "보라 세상 죄를 지고 가는 하나님의 어린 양이로다"(요 1:29)라고 말하는 목사가 되는 것은 달콤한 일입니다. 그러니 성령께서 두려워 떠는 영혼들을 예수께 인도하는 것은 얼마나 커다란 자비하심입니까! 여러분들을 위해 이것을 행하신 그를 찬양하십시오! 하나님의 영을 사랑하십시오! "주의 신이 선하시니 나를 공평한 땅에 인도하소서."(시 143:10)

성령께서는 그를 믿는 모든 성도들을 정결하게 하십니다. "또 물두멍을 회막과 단 사이에 놓고 그 속에 물을 담고."(출 40:7) 물을 담은 이 놋 물두멍(놋대야 — 역자주)은 성령을 예시하기 위하여 광야에 세워졌습니다. 놋 물두멍이 놓여있던 제단과 하나님의 증거궤 사이를 주목해 보십시오. 죄인이 올라와서 제일먼저 하는 일은 제단에서 피를 흘리는 어린양과 함께 하는 것이었습니다. 그는 어린양의 머리 위에 손을 얹고 자기의 죄를 고백합니다. 이에 모든 죄가 어린양의 피로 말끔히 사라지는 것입니다. 용서함을 받고 의롭다함을 받은 그는 놋 물두멍을 향하여 몇 발자국 더 나아갑니다. 그리고 거기에서 손과 발을 씻습니다. 이것은 그의 마음을 씻기시고 새롭게 하시는 성령을 나타냅니다. 그 다음에 그는 하나님의 성소에 들어갑니다.

"무엇이든지 전에 기록한 바는 우리의 교훈을 위하여 기록된 것이니 우리로 하여금 인내로 또는 성경의 안위로 소망을 가지게 함이니라."(롬 15:4) 사랑하는 성도 여러분! 성령께서 여러분들을 정결하게 하셨습니까? 여러분들이 하나님의 어린양 위에 자신의 죄를 쏟아놓는다면 이 생명수의 물두멍에 이르지 않겠습니까? 여러분들은 거기에서 실제로 씻고 성소(聖所)에 들어갈 준비를 갖추었습니까? 거룩하지 않고서는 어느 누구도 주를 보지 못할 것입니다(참조, 히 12:14). 그리고 성령이 없이는 거룩함도 얻지 못할 것입니다. 오! 성도로 하여금 영광을 준비케 하고, 우리의 비천한 마음에 오셔서 청결한 마음을 지으시며, 우리 내면에 올바른 영을 일으켜주시는 그는 사랑하시는 영이 아닌가요? 오! 여러분들을 사랑하시는 성령을 사랑하십시오. 그리고 하나님의 자녀로서 성령을 구하십시오. 아버지 하나님께서는 성령 주시기를 기뻐하십니다. "너희가 악할지라도 좋은 것을 자식에게 줄줄 알거든 하

물며 너희 천부께서 구하는 자에게 성령을 주시지 않겠느냐."(눅 11:13)

성령께서는 성도들의 삶을 지탱해주십니다. "다 같은 신령한 음료를 마셨으니 이는 저희를 따르는 신령한 반석으로부터 마셨으매 그 반석은 곧 그리스도시라."(고전 10:4) 이것이 광야에서 성령께서 자신을 보여주셨던 세 번째 방식입니다.

① **강(江)**은 성령께서 어떻게 지친 영혼을 소생케 하며 지원해주는지를 보여주신 방식이었습니다. 그에게는 넘치는 강이 있으며, 이는 마시고 또 마실 수 있습니다. 여러분들은 메마른 강에서 물을 마시지는 못할 것입니다. 그러나 그곳에는 성령의 무한하고 충만한 강이 있습니다.

② **내리친 반석에서 나오는 샘물**은 성령께서 상처를 입은 구세주로 말미암아 주어졌다는 것을 보여줍니다. 그것은 반석이신 그리스도께로 숨을 때에만 우리가 성령을 받을 수 있다는 것을 보여줍니다. "내가 그를 너희에게로 보내리니"(요 16:7).

③ **반석이 저희를 따랐다**는 것은 성도가 어디로 가든지 성령께서 그와 함께 하신다는 것을 보여줍니다. "내가 아버지께 구하겠으니 그가 또 다른 보혜사를 너희에게 주사 영원토록 너희와 함께 있게 하시리니."(요 14:16) 성령께서는 내면에서 영원한 생명으로 솟아나는 샘물입니다.

사랑하는 성도 여러분! 여러분들은 믿은 후에 성령을 받았습니까? 저에게는 극소수의 그리스도인들만이 저들에게 흐르는 이 강을 깨닫는 것처럼 보입니다. 오! 성령의 역사 안에 이러한 것이 있다는 것이 얼마나 큰 사랑이며 은혜입니까! 여러분들 가운데 사악한 마음과 맹렬한 정욕의 지배 아래 연약해지고 기진맥진하여 멸망으로 치닫는 분들이 계십니까? 여러분들은 육체의 가시, 여러분들을 괴롭히는 사탄의 사자(使者)를 경험하신 적이 있습니까? 여러분들은 그것을 여러분들에게서 떠나가게 해달라고 열심을 내어 기도할 수 있습니까? 여러분들의 기도에 대한 응답을 보십시오. 그리스도께로부터 흘러나오는 생명수의 강이 있습니다. 거기에는 여러분들의 모든 부족함을 채워주기에 족한 물이 있습니다. "내 은혜가 네게 족하도다. 이는 내 능력이 약한데서 온전하여짐이라."(고후 12:9) 여러분들 가운데 어떤 분들은 미래에 대해 걱정하십니다. 어떤 분들은 다가오는 유혹을 두려워하고 또 어떤 분들은 다가오는 시험에 대해 걱정하십니다. 여기에서 여러분들에게 흘러오는 강물을 보시기 바랍니다. 성령께서 영원히 여러분과 함께 하실 것입니다. 오! 여기에 얼마나 큰 사랑이 있습니까? 여러분들의 모든 죄에도 불구하고, 여러분들의 모든 연약함에도 불구하고, 여러분들의 모든 신실치 못함에도 불구하고, 성령께서는 여러분들과 함께 하실 것입니다. 그는 "영생하도록 솟아나는 샘물"(요 4:14)입니다.

오, 그렇게 여러분들을 사랑하시는 성령을 사랑하십시오! 성령을 슬프게 하지 마시기 바랍니다! 그분은 구속(救贖)의 날까지 여러분들을 굳게 지키실 것입니다.

우리의 스승이신 성령

조지프 바버 라이트풋(Joseph Barber Lightfoot, 1828~1889)은 헬라어 학자이자 바울 서신에 대한 박학한 주석서의 저자로 가장 잘 알려져 있지만, 그 또한 능력 있는 설교자이기도 하다. 영국 성공회 여러 곳에서 사목(司牧) 생활을 한 후에 캠브리지대 교수로 재직했고, 1879년에 더럼(Durham)의 주교가 되었으며, 죽을 때까지 이 직분을 탁월하게 수행했다. 그는 수십 년 간 영어 신약성경 개역(Revised Version) 위원으로 활동했었는데, 학자의 정신과 목회자의 심정을 모두 갖추고 있었으며 성직을 준비하는 사람들을 극진하게 배려해 주었다고 전해진다.

이 설교는 1891년 맥밀란 출판사(Macmillan and Company)에서 사후(死後)에 발행한 그의 저서인 『성직 안수 설교와 성직 상담 *Ordination Addresses and Counsels to Clergy*』에 포함되어 있다.

11

조지프 바버 라이트풋(Joseph Barber Lightfoot)

우리의 스승이신 성령

"그가 너희를 모든 진리 가운데로 인도하시리니 그가 자의로 말하지 않고 오직 듣는 것을 말하시며."(요한복음 16:13) [라이트풋의 번역: 성령이 너희를 모든 진리 가운데로 인도하시리니 …… 성령이 나의 말을 취하여 그것을 너희에게 보이실 것이다]

오늘밤은 우리가 함께 보내는 마지막 밤입니다. 물론 내일 아침 고별 예배에서 우리는 다시 한번 더 만날 수 있습니다. 그때 여러분들께 작별인사를 전하게 되기를 바랍니다. 그러나 명상에 관한 한 이 시간이 마지막 시간입니다.

영원한 인도자(the Eternal Guide)가 되시는 분 앞에 여러분을 인도하는 것보다 제 역할을 어떻게 더 신실하게 감당할 수 있겠습니까! 실로 많고 많은 선생이 있습니다. 이러한 임무로의 부르심을 받는 우리 모두는 큰 특권(特權)을 받은 것입니다. 그렇지만 우리의 능력은 미천하고 그 성취도가 미약하기 그지없습니다. 하지만 오직 한 분이신 스승이 저기에 계십니다. 그분은 영원하신 진리의 영이시며 그리스도를 우리에게 보여주시는 분이십니다.

그리스도의 죽음은 제자들을 고아의 상태로 전락시킬 위협으로 다가왔습니다. 저는 성경 어떤 책에서도 저들을 위로하지 않은 채 떠나셨다는 말씀을 본 적이 없습니다. 예수님께서는 "내가 너희를 고아와 같이 버려두지 아니하고 너희에게로 오리라"(요 14:18)고 말씀하셨습니다. 하지만 예수께서 떠나시면 그들은 아버지도 없고, 어머니도 없으며, 고향도 없고, 친구도 없는 사람들이 될 것이며, 적어도 그들에게는 그렇게 여겨졌을 것입니다. 게다가 그들의 보호자이며 스승이자 친구가 되시는 분 역시 물러가실 것입니다. 이 인생의 바다 위를 떠도는 인간사(人間事)의 밀물과 썰물에 이리저리 밀려다니며 어느 누구도 어디에서 좌초하게 될지 알 수 없는 부랑아들로 남겨지게 될 것입니다.

누가 이러한 위기에 처한 저들의 절망적인 상황을 과장(誇張)이라고 말하겠습니까? 저들은 모든 것을 버리고 예수를 따랐던 자들입니다. 저들은 부모와 친구를 버리고 예수를 따랐으며, 그리스도께서 저들에게 부모와 형제가 되어 주셨습니다. 저들은 집과 밭을 버리고 예수를 따랐습니다. 그런 까닭에 그리스도께서 저들의 고향이 되셨습니다. 그리스도에 대한 저들의 의존도(依存度)는 이처럼 절대적인 것이었습니다.

저들이 현재 가지고 있던 기쁨이 무엇이었든지 간에, 저들이 미래에 간절히 원했던 소망이 무엇이었던지 간에, 그 모든 것이 그리스도께 집중되어 있었던 것은 분명합니다. 그런데 이제 이러한 영혼과 영혼의 교제(交際), 삶과 삶의 교제가 속절없이 단절되어야 하는 상황에 처하게 된 것입니다. 그리스도께서 죽임을 당하고 매장되어야 하며 사라져야 합니다. 저들에게는 그것이 영원한 상실처럼 여겨졌을 것입니다. 이제 어떤 기쁨, 어떤 능력, 어떤 위로를 받을 수 있겠습니까? 아마도 이 가련한 갈릴리의 고아보다 더 무기력하고 절망적인 신세는 없을 것입니다.

스승

성경본문에 나타난 바와 같이, **그리스도**께서 가셔야만 다른 분이 오시리라는 약속은 저들이 감당하기에는 너무나도 끔찍한 시련이었을 것입니다. 저들은 선생 없이, 인도자 없이 지내서는 안 되는 존재들이었기 때문입니다. 한 분의 보혜사, 한 분의 변호사, 한 분의 대변자가 물러가지만 다른 분이 그 대신에 오실 것입니다. 저들 가까이에는 여전히 한 친구, 여전히 한 조언자가 계셔서 그가 가까이에서 저들의 손을 붙잡아 귀에 속삭이듯 저들을 격려하고 지도하며 보호하고 강하게 하여 모든 진리 가운데로 인도하실 것입니다.

다른 보혜사이지만 전혀 다른 분이 아닙니다. 그리스도께서 가셨을 때, 그리스도보다 못한 분이 오시는 것이 아니라 그리스도보다 더한 분이 오십니다. 이것이 성경본문에 나타난 약속으로 제자들에게 보증하신 영적인 패러독스, 영적인 역설(逆說)입니다. "그가 내 영광을 나타내리니 내 것을 가지고 너희에게 알리겠음이니라. 무릇 아버지께 있는 것은 다 내 것이라. 그러므로 내가 말하기를 그가 내 것을 가지고 너희에게 알리리라 하였노라"(요 16:14-15).

다른 분이지만 결코 다른 분이 아니십니다. 그분은 그리스도의 자리를 찬탈(簒奪)하거나 바꾼 분이 아니시며, 그리스도를 실추(失墜)시키거나 꺾으신 분이 아니십니다. 오히려 그분은 보다 더 크고, 보다 더 높고, 보다 더 참되며, 보다 더 충만하신 그리스도이십니다. 저들은 그와 함께 살아가야 합니다. 그분은 혀로 또렷하게 말할 수 있는 그리스도이십니다. 어떤 바람도 그를 흔들 수 없을 것입니다. 그분은 과거의 그리스도가 아니고, 이곳이나 저곳의 그리스도도 아니며, 매순간의 그리스도, 모든 곳에 계시는 그리스도, 영이 스며드는 곳은 어디든지 스며드는 그리스도이십니다. 왜냐하면 그가 영의 날개를 타고 오시기 때문이며, 입구만 발견되면 어디든지 가실 수 있기 때문입니다. "볼찌어다 [다른 사람이 아니라] 내가 세상 끝날까지 너희와 항상 함께 있으리라."(마 28:20)

그 보상은 단순한 보상 이상의 것이었습니다. 심지어는 그리스도께서 떠나시는 것이 유익이었습니다. 제자들의 기질이 즉각적으로 나타났습니다. 이별의 밤에 저들은 나약해지고, 머뭇거렸으며, 두려워했고, 감각이 둔해지고, 좁은 소견을 갖고 있었습니다. 하지만 아침이 되자 저들은 강해졌고, 흔들리지 않았으며, 용기에 넘치고, 멀리 내다보게 되었으며, 가장 높은 하늘까지 잇는 새로운 영적 능력을 부여받았습니다. 지금까지 그리스도를 육신에 따라 알았다면, 저들은 앞으로 그리스도를 더 이상 그렇게 알지 않을 것입니다.

우리는 육신에 따라 그리스도를 아는 앎에서 벗어나야 합니다! 그리스도 자신의 입으로 말씀하신 비유들 가운데 하나를 듣는 것, 그리스도 자신의 손으로 행하신 치유의 기적들 가운데 하나를 증언하는 것, 한순간만이라도 법정에서 말없이 서 계신 그리스도나 십자가에 달려 피를 흘리시는 그리스도를 보는 것, 그것은 우리에게 얼마나 큰 능력의 원천(源泉)이 되겠습니까! 우리는 어리석게도 이처럼 우리 자신을 설득하고 있습니다.

육신에 따라 그리스도를 아는 그러한 지식이 우리에게 어떤 유익이 있겠습니까? 그리스도를 저버리고 도망친 제자들 또한 육신에 따라 그리스도를 알지 않았을까요? 그리스도를 의심한 도마, 그리스도를 모른다고 부인한 베드로가 육신에 따라 그리스도를 알지 않았을까요? 그리스도를 배반한 제자 가룟 유다, 그리스도를 죽일 음모를 꾸민 대제사장 가야바, 그리스도를 모욕한 이스라엘 왕 헤롯 안티파스, 그리스도를 저주한 로마 총독 본디오 빌라도 또한 육신에 따라 그리스도를 알지 않았을까요? 야유와 욕을 한 유대 군중, 조롱하며 채찍질한 로마 병정들 역시 육신에 따라 그리스도를 알지 않았을까요? 육신을 따르는 지식이 어떻게 회의(懷疑), 비겁함, 신성모독, 변절(變節)과 반역을 막을 수 있겠습니까? 보는 것이 곧 믿는 것입니다. 그렇습니다. 듣는 것도 그러합니다. 그러나 그것은 영적인 눈으로 보는 것이며, 영적인 귀로 듣는 것을 말하는 것입니다. 스데반이 본 것은 무엇이었을까요? 스데반은 하늘이 열리는 것을 보았고, 인자(人子)가 하나님 우편에 계시는 것을 보았습니다. 바울이 들은 것은 무엇이었을까요? 그가 낙원으로 따라갔을 때 들은 것은 말할 수 있는 사람에게는 유효하지 않은 소리, 즉 말할 수 없는 소리였습니다.

그런데 이것이 바로 성경본문에서 우리 주님께서 몸소 말씀하신 성령의 임무입니다. 성령께서는 옛 제자들에게 주신 것과 같이, 아니 오히려 지금 우리에게는 더한 것을 주십니다. 갈릴리 호숫가를 걸으셨던 그리스도, 지쳐 사마리아 우물가에 앉아 계시던 그리스도, 감람산 벼랑에서 운이 다한 예루살렘 도성을 바라보시며 눈물을 흘리셨던 그리스도 대신에, 또는 그러한 그리스도를 통하여, 모든 시간과 장소의 그리스도, 하늘을 보좌로 삼으시고 땅을 발판으로 삼으시는 그리스도, 우주를 가로지르시는 그리스도를 우리에게 보여주신 것입니다.

그 약속에 덧붙여진 설명에 주목하시기 바랍니다. 그가 자기의 것을 가지고 우리에게 알리실 것입니다. 어떻게 그러할까요? 왜 그리스도의 것이며, 왜 오직 그리스도의 것 만일까요? 성령께서는 그 밖의 다른 것은 아무것도 가르치지 않으실까요? 다음에 오는 말씀을 경청하시기 바랍니다. "무릇 아버지께 있는 것은 다 내 것이라 그러므로 내가 말하기를 그가 내 것을 가지고 너희에게 알리리라 하였노라."(요 16:15) 따라서 다시 마지막 요점에 이릅니다. "내 것은 다 아버지의 것이요 아버지의 것은 내 것이온데."(요 17:10) 그 영역이 어떤 곳이라 할지라도 제한이 없는 모든 것, 즉 모든 역사, 모든 과학, 모든 피조물, 모든 진리가 다 그리스도의 것입니다. 그리스도께서는 마치 우리에게 이렇게 말씀하시는 것처럼 보입니다. "너희는 내 일이 갈릴리에서 행한 얼마 안 되는 기적들에 국한된다고 생각하느냐? 우주 자체가 나의 기적이다. 너희는 내 말이 유대인들에게 말한 몇 가지 짤막한 교훈들에 제한된다고 생각하느냐? 하늘과 땅이 나의 가르침을 소리 내어 말하고 있다."

우리는 어리석게 구별하고, 인위적으로 제한합니다. 우리는 우리가 세운 좁은 장벽 안에 우리가 상상하는 그리스도를 가두어놓습니다. 그러나 그리스도께서 몸소 가르치신 그리스도, 성령께서 보여주시는 그리스도는 이 모든 장벽을 뛰어넘으십니다. 우리는 자연종교와 계시종교 사이를 조심스럽게 구별합니다. 우리는 전자(자연종교)에서 그리스도를 제외시키고 후자(계시종교)로 격하시킵니다. 그러나 그리스도께서 몸소 가르치신 그리스도는 영원하신 말씀이십니다. 그리스도께서 언제, 어디서 말씀하시든지 간에, 아버지 하나님께서는 그리스도를 통해 말씀하십니다.

우리는 과학과 신학 사이, 종교와 자연 사이에 엄격한 선(線)을 긋습니다. 그러나 성경의 그리스도는 종교와 신학에서뿐만이 아니라 과학과 자연에서도 동일하게 활동하시는 아버지 하나님의 손이십니다. 우리는 마치 성(聖)과 속(俗)이 직접적으로 대립(對立)하고 있거나 최소한 상호 배척(排斥)하는 것처럼 그 둘 사이를 날카롭게 구별합니다. 우리는 마치 가이사에 대한 의무가 하나님에 대한 의무와는 전혀 다른 것인 양 여기고, 마치 도덕적 의무를 지키는 것이 그리스도 안에서 하나님에 대한 의무를 지키는 것이 아닌 것인 양 여기며 그리스도의 말씀을 잘못 해석합니다. 그러나 복음의 그리스도는 모든 것에 대한 주권, 즉 우리가 영적(靈的)인 것이라고 일컫는 것에 대한 주권은 물론 세속적(世俗的)인 것이라고 일컫는 것에 대한 주권(主權) 또한 동일하게 주장하십니다. "무릇 아버지께 있는 것은 다 내 것이라 그러므

로 내가 말하기를 그가 내 것을 가지고 너희에게 알리리라 하였노라."(요 16:15)

교훈

이제 우리는 자연스럽게 스승이라는 주제로부터 교훈 – 하나님 말씀의 성육신에 집중되는 교훈, 모든 곳에 퍼져있고 모든 것을 포괄하는 교훈 – 이라는 주제로 넘어가게 됩니다.

우리는 스승의 활동이나 교훈의 결실을 19세기로 제한할 수는 없습니다. 인류 역사에서 19세기는 전례 없이 인간의 지식, 사상, 관심이 모든 분야에서 크게 확대되었던 때입니다. 그리고 이 모든 것이 우리의 신학적 구상(構想), 종교적 열망(熱望)과 어떤 관계를 가지고 있는가를 묻지 않을 수 없습니다. 대학의 저명한 교수로서 사상과 지식의 사조(思潮)를 일으킨 사람들은 성령의 폭넓은 가르침에 대해서는 거의 무관심합니다. 여러분들은 할 수 있는 한 이 모든 교훈들을 그리스도께 집중시키고자 노력할 것입니다. 그러나 그 교훈들이 제시하는 불가사의(不可思議)한 것들을 – 그것이 그렇게 많지 않다고 하더라도 — 풀려고 노력하지는 않을 것입니다. 여러분들은 유한(有限)하지만 교훈들은 무한(無限)합니다. 아무튼 그래도 여러분들은 그 문제의 폭과 크기를 인식할 수는 있을 것입니다.

저는 언젠가 어떤 유명한 분께 삼위일체(三位一體)의 교리에 관한 설교를 들은 적이 있습니다. 그는 청중들에게 복되신 삼위일체의 첫 번째 위격(位格)이 자연의 하나님이며, 두 번째 위격이 계시의 하나님이라고 말했습니다. 가장 풍자적인 형태로 말하자면, 이것이 바로 제가 대결하고자 하는 이단(異端)입니다. 이것은 – 설교자의 의도가 그렇지는 않았다고 하더라도—사도들의 가르침을 부정(否定)하는 것이기 때문입니다. 바울이 그로 말미암아, 그를 위해서, 그를 통하여, 그를 향하여 보이지 않는 것은 물론 보이는 것, 땅에 있는 것은 물론 하늘에 있는 것까지도 지으심을 받았다고 우리에게 말했을 때, 그가 의미한 것은 무엇이었을까요? 요한이 그로 말미암아 만물이 창조되었고, 그가 없이 창조된 것은 하나도 없으며, 그가 태초로부터 세상에 계셨고, 세상을 통하여 그를 알지 못했다고 우리에게 말했을 때, 그가 의미한 것은 무엇이었을까요? 「히브리서」 기자가 그를 능력의 말씀으로 만물, 온 우주를 지탱하고 계시는 분으로 묘사할 때, 그가 의미한 것은 무엇일까요? 그뿐만이 아닙니다. 그리스도께서 몸소 "아버지의 것은 다 내 것"이라고 말씀하셨을 때, 그가 의미한 것은 무엇일까요?

이것은 기독교의 위대한 중심인 로고스(Logos, 말씀)의 제자들인 여러분들에게 폭넓은 의미를 갖게 될 것입니다. 여러분들은 바울과 같이 예수 그리스도와 십자가에 달리신 그리스도—고난 속에서 절정을 이루는 말씀의 성육신—이외에는 어떠한 것도 알지 않기로 작정할 것입니다. 하지만 여러분들은 그것을 여러 가지 입장에서 알게 될 것이며, 동시에 여러 가지 입장에서 알지 못하게 될 것입니다. 여러분들은 그것을 너무 통속적으로 대하거나 좁은 관계에서, 속박되고 제한된 관점에서 보는 것에 만족하지는 않을 것입니다. 또한 그것이 여러분들의 모든 도덕적, 신학적 열망의 중심이 될 것입니다. 그것이 선포하는 내용은 무엇일까요? 그것은 다름 아닌 하나님의 절대적인 의(義), 즉 완전한 인생의 흠 없는 모범의 현시(顯示)에서만이 아니라 성육신과 십자가의 엄청난 희생에서의 의(義)와 하나님의 무한한 사랑입니다.

하나님 아버지의 인자하심과 사랑이 그리스도의 성육신과 고난 속에서 분명히 나타난 것처럼 어디에서나 그렇게 다시 나타났습니까? 영원부터 하나님의 형체로 계신 그가 하나님 곁에 계시지 아니하고 스스로 사람의 형체, 종의 형체를 입으셨습니다. 이 사실을 깨닫도록 노력하시기 바랍니다. 이것이 모든 것을 초월하는 사상입니다. 역사가 줄 수 있고 상상력이 창안해낼 수 있는 비유들을 총동원해 보십시오. 저들은 모두 그리스도의 사랑의 낮아지심 앞에서 무색하게 될 것입니다. 영원하신 보좌 앞에서는 어떤 막강한 왕자나 미천한 거지나 할 것 없이 모두 동등한 존재가 됩니다. 인간적인 미천함과 배고픔과 질병 등으로 지쳐 있는 빈민(貧民)의 미천함 사이를 우리 스스로 구별하던 것이 무효화됩니다. 우주의 지배자에게 낮아지심의 행위는 황제가 농부가 되는 것과 같은 것이며, 아우구스투스 황제의 홀(忽)을 흔들다가 나사렛 목수 집에서 연장을 다루는 것과 같은 것입니다. 하지만 그리스도께서는 우리를 위해서 보다 더 미천한 대안(代案)을 선택하신 것입니다.

그런데 그리스도께서 이렇게 낮아지심으로 얻으신 것은 무엇일까요? 인기나 영광 혹은 감사일까요? 오히려 그리스도께서는 모욕을 당하셨습니다. 그리스도께서는 오해를 받으셨습니다. 그리스도께서는 멸시와 배척을 당하셨습니다. 그리스도께는 머리 둘 곳도 없었습니다. 그리스도께서는 가장 천한 범죄자처럼 저주를 받으셨습니다. 그리스도께서는 공공연히 욕보임을 당하셨습니다. 하늘과 땅의 주님이신 그리스도께서 무자비한 군중과 야비한 병정들 속에서 욕보임을 당하셨습니다. 그렇습니다. 여기에 사랑이 있습니다. 그러나 여기에서나 그 밖의 어느 곳에서도 우리가 그를 사랑한 것은 아니었습니다. (오히려 우리가 그리스도를 미워하지 않았습니까? 우리가 그를 박해하지 않았습니까? 우리가 그를 죽이지 않았습니까?) 여기에 사랑이 있습니다. 우리가 아직 죄인들이었을 때, 우리가 아직 반역자들이었을 때, 그리스도께서는 우리를 위해서 죽으셨습니다.

그러나 여러분들은 성육신하신 그리스도의 제자일 뿐만 아니라 영원하신 로고스의 제자들로서, 성육신의 이 위대한 사실을 폭넓게 적용해야 할 것입니다. 그럼에도 우리를 난처하게 하는 "악의 기원(起源)은 무엇인가?"라는 질문은 여전히 남습니다. 이 질문은 기독교 계시의 역사보다 더 오래된 질문입니다. 우리에게 알려진 것 중 일부를 알았다고 하더라도, 죄와 사망의 신비는 아직까지 풀리지 않았습니다. 하지만 기독교의 계시는 최소한 우리에게 교정책을 제공해줍니다. 여러분들이 그리스도의 성육신과 십자가를 아버지의 사랑의 나타내심으로서 깨닫기만 한다면, 여러분들은 인내심을 갖고 기다릴 수 있을 것입니다. 그리스도의 선하신 때가 오면 모든 것이 명백해질 것이기 때문입니다.

"그가 내 것을 가지고 너희에게 알리리라." 우리시대의 특별한 영광(榮光)인 과학이 만들어낸 훌륭한 발명품들을 보고서 감명을 받으십니까? 이러한 발명품들이 우리의 상상력에 동화처럼, 우리의 이성(理性)에 논리적인 증거처럼 호소해 오지 않습니까? 그런데 우리의 그리스도께서는 이들 중 어떠한 것도 제작하지 않으셨을까요? 아닙니다. 사도들의 말이 사실이라면, 그리스도 – 베들레헴 말구유에 누우시고 갈보리에서 십자가에 달리신 그리스도 – 는 몸소 별들을 창공(蒼空)에 내던지신 분이고, 몸소 대기(大氣)에 전류를 충만하게 하신 분이며, 이 땅을 밟는 사람이 생기기 전에 몸소 땔감을 위해 석탄을 저장해두시고 집 짓는 일을 위해 석재(石材)를 쌓아두신 분이십니다. 우리는 통속적으로 과학의 '계시들'에 관해서 말합니다. 계시(啓示)란 사실상 생명이 없는 단순한 과정, 비인격적인 법칙의 단순한 과정을 말하는 것이 아니라, 아버지 하나님께서 그를 통해 활동하시는 영원한 말씀의 계시를 말하는 것입니다. 그러므로 그리스도인들로서 우리는 그리스도의 계시를 바라보지 않을 수 없습니다. 그러므로 우리가 진심으로 하늘 학교에 입학하고자 한다면, 성령께서 이러한 것들을 취하여 여러분에게 보여주실 것입니다.

"그가 내 것을 가지고 너희에게 알리리라." 우리는 역사의 교훈을 부지런히 배우는 학생들입니까? 문명의 첫 새벽으로부터 그 정오(正午)의 광채에 이르기까지 인류의 진보를 추적하며 즐거워하고 있습니까? 제각기 다른 언어와 제도를 가진 지구의 위대한 나라의 어두운 과거를 판독(判讀)하며 즐거워하고 있습니까? 정부(政府)의 여러 기술의 발전을 주목하며 즐거워하고 있습니까? 점점 더 넓어지는 지성적인 사상의 영역을 추적하며 즐거워하고 있습니까? 인생의 흐름이 시대의 과정과 함께 천천히 몰락해 가고 있는 것을 도처에서 분별(分別)하며 즐거워하고 있습니까? 그렇다면 역사의 발전이나 과학의 법칙이 아닌 그리스도의 손가락을 바라보십시오. "그가 세상에 계셨으며 …… 세상이 그를 알지 못하였고."(요 1:10) 그는 "참빛, 곧 세상에 와서 각 사람에게 비취는 빛"(요 1:9)이었고, 그 빛은 시대가 갈수록 더욱 밝고 더욱 찬란하게 비칠 빛입니다. 그리고 마침내 성육신에서 그 충만한 영광이 성취되었습니다. 인류 역사라는 학교는 역시 성령의 학교를 의미합니다. 왜냐하면 성령의 학교가 그리스도를 제시하기 때문입니다.

"그가 내 것을 가지고 너희에게 알리리라." 만일 여러분들께서 자연의 과정에서 그리스도의 발자취를 따라가 본다면, 역사의 가르침에서 그리스도의 음성을 듣는다면, 그렇다면 여러분들은 틀림없이 가정과 사회에서 그리스도의 모습을 발견하게 되고 그리스도의 음성을 듣는 일에 실패하지 않을 것입니다. 여러분들의 감사 기도의 원천이 되어왔던 저 순수한 애정, 여러분들의 인생에 영광의 면류관이 되어 왔던 품위 있는 우정─여러분들은 감히 그리스도를 제쳐두고 그것을 생각할 수 있습니까? 여러분들이 여기에서 그리스도를 발견하지 못한다면 확실히 여러분들은 다른 곳에서 헛되이 그리스도를 찾아 헤맬 뿐입니다. 여러분들을 이끈 것은 저 고

귀함, 저 진실함, 저 순결함, 저 헌신적인 자세, 저 열심입니다. 하지만 그것은 위대한 빛에 비하면 불완전할 뿐입니다. 그것은 영원한 태양이신 그로부터 나온 한줄기 빛에 지나지 않습니다. 그렇습니다. 성령께서 그리스도의 것을 가지고 여러분들에게 알려주실 것입니다. 그때에 그가 저 순수한 애정을 통해서, 저 고귀한 우정을 통해서 여러분들을 더욱 고귀하게 만드실 것입니다. 왜냐하면 삶의 이상(理想)인 그리스도와 같이 되는 것이 여러분의 미천한 자아(自我)로 인해 여러분 자신을 부끄럽게 만들 것이기 때문입니다.

"그가 내 것을 가지고 너희에게 알리리라." "보혜사 곧 아버지께서 내 이름으로 보내실 성령 그가 너희에게 모든 것을 가르치시고 내가 너희에게 말한 모든 것을 생각나게 하시리라."(요 14:26) 마지막이자 가장 중요한 것은 이것입니다. 이것이 다른 모든 가르침의 월계관이며, 다른 모든 가르침에 힘을 주고 의미를 부여하는 것입니다. 그가 여러분들에게 그리스도의 저 독특한 말씀들과 업적들의 완전한 의미를 제시해주실 것입니다. 그 말씀은 업적보다 결코 못한 것이 아니며, 그 업적 또한 그 말씀보다 결코 못한 것이 아닙니다. 그가 여러분들을 인도하여 깨닫게 하시며 여러분의 삶 속의 수많은 필요에 적용하고 전파되게 하실 것입니다. 그가 성육신의 교훈을 여러분에게 가르쳐주실 것입니다. 그가 사람이 되셨습니다. 그가 그리스도의 고난의 교훈을 여러분들에게 가르쳐주실 것이며, 여러분들에게 부가되는 최고의 의무를 밤낮으로 기억나게 해주실 것입니다. "너희는 너희의 것이 아니라. 값으로 산 것이 되었으니 그런즉 너희 몸으로 하나님께 영광을 돌리라."(고전 6:19-20) 그리스도의 사랑이 여러분들을 온전하게 사로잡아, 여러분들의 손과 발을 묶어 하나님의 뜻을 따르는 포로가 되게 할 것입니다. 바울이 부활의 권능을 알고자 갈망했던 것과 마찬가지로, 그가 저 부활의 권능을 알도록 인도하여 해방시켜

주시고, 정결케 하며, 힘을 주시며, 강하게 해주실 것입니다. 게다가 그는 여러분들을 충만케 해주실 것입니다.

이와 같이 여러분들도 여러 날 동안 여러분들이 누어있던 무덤으로부터 부활하여, 뿌리 깊은 악습(惡習)의 수의(壽衣)를 벗어 던지고, 하나님의 현존의 맑은 공기로 크게 숨쉬며, 부활하신 주님과 함께 식사하게 될 것입니다. 여러분들은 세상에 있겠지만 이제는 더 이상 세상에 속하지 않을 것입니다. 이제부터 모든 감각적인 환경에도 불구하고, 모든 연약함의 무능에도 불구하고, 오직 성령 안에서 의(義)와 평강(平康)과 희락(喜樂)인 하나님의 나라의 온전한 시민으로서 살아가게 될 것입니다.

성령의 바람

제임스 스튜어트(James S. Stewart, 1896~1990)는 스코틀랜드 교회에서 3년 간 목회를 한 후에 에딘버러 대학교 신학(1936) 및 신약신학(1946)교수가 되었다. 그는 설교를 전하는 교수였고 성경의 진리를 일반인의 요구에 맞게 적용한 학자였으며 교리를 실천적이며 자극적인 것으로 만든 신학자였다. 그는 여러 권의 강의 교재와 『그리스도 안에 있는 사람 *A Man in Christ*』과 『하나님의 사자 *Heralds of God*』와 같은 성서학에 관한 책들을 펴냈고, 『새 생명의 문 *The Gates of New Life*』과 『강력한 이름 *The Strong Name*』이라는 두 권의 훌륭한 설교집도 출간하였다.

이 설교는 1968년 어빙돈 출판사(Abingdon Press)에서 발행한 『성령의 바람 *The Wind of the Spirit*』에 포함되어 있다.

12

제임스 스튜어트(James S. Stewart)

성령의 바람

"바람이 임의로 불매 네가 그 소리를 들어도 어디서 오며 어디로 가는지 알지 못하나니 성령으로 난 사람은 다 이러하니라."(요한복음 3:8)

유대 전통에서 자라난 사람이라면 누구나 하나님의 영을 자연스럽게 바람과 비교할 것이며 이는 불가피합니다. 히브리어로 '루아하(ruach)'라는 단어 속에는 하나님의 영과 바람의 의미가 모두 담겨있기 때문입니다. 이 말은 세 가지 의미를 지니고 있습니다. '숨결', '실존의 가장 영묘한 것', '생명의 숨결'이 그것입니다. 그것은 또한 사막의 원초적인 에너지와 기본적인 힘을 갖고 땅을 가로질러 격렬하게 불어오는 바람을 의미하기도 합니다. 그리고 그것은 하나님의 영을 의미하며, 여러 시대를 휩쓸고 역사 속으로 파고들어 생명을 차지하는 초자연적인 능력 또한 의미합니다.

감람산에서 예수께서는 니고데모와 함께 계셨고, 그때는 밤이었습니다. 예루살렘 도성위로 달이 뜨고 구름이 달 표면으로 몰려왔습니다. 산 계곡에서 불어오는 바람은 나뭇가지를 흔들고 올리브 나뭇잎을 살랑살랑 흔들어 떨어뜨렸습니다. 예수께서는 영혼과 거듭난 사람에게서 일하시는 하나님의 역사에 관하여 니고데모에게 말씀해주고 계셨습니다. 하나님께서는 실패와 허무, 불만과 죄를 의식하는 우리의 생명을 받아들여, 이를 변화시키시고 충만하게 하시어 어떻게 하면 우리가 강하고 생명력 있는 승리의 삶을 살 수 있는지에 대해 말씀해주고 계셨습니다. 그러나 니고데모는 이를 깨닫지 못하고 있었습니다. 그는 이스라엘의 선생이며 신학자이자 인정을 받는 지도자였음에도 불구하고 이런 형태의 이야기는 그의 상상을 초월하는 것이었기 때문입니다. 그래서 예수께서는 예증(例證)을 들어 자세히 설명해주셨고, 그 예증은 멀리서 찾지 않으셨습니다. "니고데모야, 바람소리를 들어보아라! 바람소리를 들어라! 너는 그 소리를 들을 수 있다. 이 밤은 바람으로 충만하다. 나무 꼭대기를 스치는 바람소리에 귀를 기울여라. 그렇지만 아무도 바람이 어디에서 와서 어디로 가는지는 알지 못한다. 자, 니고데모야, 하나님의 영은 바로 그와 같다. 그것은 눈에 보이지는 않지만 명백하게 존재하는 것, 만져보아도 알 수 없지만 능력으로 충만한 것이다. 만일 네가 그 통로에 서서 그곳을 향해 네 얼굴을 돌리고 그 영향력을 네 삶에 받아들인다면, 그것은 놀라운 일들을 행할 수 있을 것이다. 니고데모야, 그 바람소리를 들어보아라! 바람소리를 들어라!"

이 자리에서 예수께서 우리에게 말씀하시는 것은 무엇일까요? 이제부터 우리는 이 성경본문을 자세히 살펴 볼 것입니다.

중단 없는 성령의 활동

첫째는 이것입니다. **"바람이 분다."** 이 단순하고 소박한 진술이 중단 없는 성령의 활동을 입증합니다. 이것은 사실상 생명의 기본 요건입니다. 하나님의 영이 적극적으로 활동하지 않았던 시간이나 순간이란 단 한번도 존재하지 않았음을 보여주고 있는 것입니다.

성경을 보십시오. 성경 첫 페이지에 이런 말씀이 있습니다. "하나님의 신은 수면에 운행하시니라."(창 1:2) 여호와 하나님께서 혼돈을 덮으시니 세상이 생겨났습니다. 성경 마지막 페이지에는 또 이런 말씀이 있습니다. "나는 …… 곧 광명한 새벽별이라 하시더라. 성령과 신부가 말씀하시기를 오라 하시는도다."(계 22:16-17) 그러므로 태초부터 역사의 마지막 순간에 이르기까지 바람이 불고, 하나님의 영이 활동하십니다. 「시편」 기자는 "내가 주의 신을 떠나 어디로 가며 주의 앞에서 어디로 피하리이까"(시 139:7)라고 절규합니다. 우리가 하늘로 올라가도 주의 신은 거기에 계십니다. 우리가 지옥에 자리를 편다고 할지라도 주의 신은 거기에 계십니다. 우리가 새벽 날개를 치고 바다 끝까지 날아도, 우리가 어둠 속에 숨을지라도 주의 신은 거기에 계십니다(참조, 시 139:7-11). 하나님께서는 결코 우리를 홀로 내버려두시지 않으십니다. 만일 하나님께서 잠시 동안이라도 우주를 내버려두신다면, 만일 하나님께서 그의 성령의 활동을 아주 잠시만이라도 거두어들이신다면, 우주 전체의 복잡한 구조는 마치 산산조각 난 거울처럼 수백 만 개의 파편(破片)으로 해체되고 분해될 것입니다. 성령께서는 결코 활동을 중단하지 않으십니다. 지금도 여전히 바람이 불어옵니다.

물론, 신약성경은 이것을 넘어서 있습니다. 신약성경은 역사의 한 특별한 시점에서 인간의 삶 속으로 갑작스럽고도 새롭게 영이 돌입하는 사건이 발생했다고 말합니다. 하나님의 영의 모든 능력이 집중되어 있는 예수께서 죽으시고 성령의 강력한 행위들 가운데서 가장 강력한 행위로 죽은 자들 가운데서 부활하셨습니다. 그리고 예수를 주님이라고 부르는 교회에 급하고 강한 오순절의 바람이 불어왔습니다.

다른 말로 표현하자면, 거기에 모인 사람들은 이제 예수께 있었던 것과 똑같은 능력을 소유하고 간직하게 되었으며, 이제부터 영원까지 그 무엇도 자신들을 예수로부터 갈라놓을 수 없다는 것을 체험받게 되었습니다. 그리고 그 순간부터 지금까지 "바람이 불고 있습니다." 때로는 부드러운 산들바람처럼, 때로는 심판의 허리케인처럼, 때로는 명상의 시간에 인도하시는 목소리처럼, 때로는 그리스도의 이름으로 어둠의 권세의 성채(城砦)들을 내던져버리는 맹렬한 토네이도처럼, 언제나 하나님의 영은 활동하십니다!

하나님께서 피조물들에게 혼동되고 타락한 생각만을 남겨두시고 그의 피조물들을 버리셨다고 한탄하는 시대가 있었습니다. 물론 믿음이 실추되었던 시대도 있었습니다. 그때, 엘리야가 바알에 대해서 했던 통렬한 말-"큰 소리로 부르라 저는 신인즉"(왕상 18:27)-은 오직 하늘의 주님께만 적용될 수 있는 것처럼 보입니다. 토마스 카알라일(Thomas Carlyle)은 "하나님께서는 하늘에 앉아서 아무것도 하지 않는다"며 불평했습니다. 하나님께서 깊은 생각에 잠기시거나 여행 중이시거나 잠드셨거나 이제 막 깨어났음에 틀림없다는 것입니다. 웰즈(H. G. Wells)는 "막다른 지경에 이르러 품은 생각"이라고 칭하는 그의 마지막 유언을 통해 인간은 지쳤고, 세상도 지칠 대로 지쳐 원기 회복할 능력이 없으므로, 유일하게 스토아학파의 냉소주의(冷笑主義) 철학만이 가능함을 선언했습니다. 우리 가운데 어떤 사람들은 가끔 우리 자신의 삶에 대해 다음과 같이 느낄지도 모릅니다. "내가 맨 처음 주님을 보았을 때, 그때 알았던 축복은 어디로 가버렸는가? 내 영혼이 막다른 지경에 이른 것 같다. 내게는 이제 내 실수에서 나온 초라한 누더기와 넝마 이외에는 보여줄 것이 없다. 나에게는 어디에도 거듭남이 없고 원기를 북돋아주는 것이 아무것도 없다." 어떤 사람들은 교회에 대해서도 "이제 부흥의 소망이 어디에 있는가?"라고 말합니다. 그러나 "니고데모야, 바람소리를 들어라! 카알라일과 웰즈야, 그리고 너희 모든 비관주의자들과 냉소주의자들아, 바람소리를 들어라! 그리고 오, 패배하고 좌절한 내 영혼아! 바람소리를 들어라. 부활절과 성령강림절의 새벽 바람이 들려주는 음악소리를 들어라!" 여호와를 송축하시기 바랍니다. 세상의 모든 혼돈을 통하여, 여러분 자신의 복잡한 삶을 통하여 하나님의 영은 영원히 활동하십니다. 우리의 모든 소망과 기다림은 그 사실에 달려 있습니다. 가장 캄캄한 밤에 창문을 열고 귀를 기울여 보십시오. 그리하면 바람소리를 들을 수 있을 것이며, 여러분들은 하나님께서 여전히 움직이신다는 것, 잠들지도 않으시고 쉬지도 않으시며 그의 섭리(攝理)와 구속(救贖)의 활동을 그치지 않으신다는 것을 알게 될 것입니다. 하나님의 변치 않고 오래 참으심이 곧 세상의 구원입니다.

성령의 주도적인 자유

둘째로, **"바람이 임의로 분다."** 성령의 그치지 않는 역사하심이 첫 번째 확증이었다면, 이것은 성령의 주도적인 자유를 의미합니다. 바람을 통제하거나 그 방향을 지시하는 것이 불가능하듯이, 어떤 사람도 어떤 교회도 하나님의 영을 길들이거나 성령의 활동 영역의 한계를 정할 수는 없습니다.

그러나 사람들은 항상 그렇게 하기를 원했습니다. 저들은 엄격한 한계선을 그어놓고 이렇게 말하곤 합니다. "은혜가 확실하게 나타나는 영역이 여기에 있다. 이 교회에, 이 종파에, 이 인종 집단에, 이 전도 방법에, 이 선교 방식에, 이 종교에, 이 신학에 은혜가 있다. 이 영역 밖에는 구원이 없다!"

이것이 제도적인 종교에서 지속적으로 나타나는 유혹입니다. 사실상 이는 그리스도를 위해 일을 할 때에 흔히 나타나는 유혹입니다. 그리스도의 나라를 위한 길이 하나이며 유일한 길이라고 생각하고, 그의 다른 모든 방식은 인정하지 않는 태도입니다.

그러나 하나님께서는 언제나 우리의 산뜻한 논리체계를 뒤엎으시고 우리가 만들어놓은 깔끔한 규정들을 뒤집어엎으십니다.

예수 시대에 어떤 일이 발생했는지를 주목해보시기 바랍니다. 당시 유대교에서는 이렇게 말했습니다. "우리는 택함을 받은 약속된 백성이다. 이에 율법이 없는 이방인들이나 야만인들이나 열등한 종족들과 접촉해서는 안 된다! 이스라엘 밖에서는 구원이 없다." 그리고 그들은 끈덕지게 높고 강한 분할(分割)의 벽을 세워놓았습니다. 그런데 어느 날 갈보리 산의 어둠으로부터, 빈 무덤의 여명(黎明)으로부터, 성령의 큰바람이 불어와 그 벽을 강타하여 무너뜨렸습니다. 세상을 놀라게 할 만큼 요란한 소리를 내면서 사람들을 갈라놓는 배제(排除)의 벽이 오순절의 강풍 앞에서 산산이 부수어진 것입니다.

오늘날에도 인종차별(人種差別)의 정책과 은혜의 독점권을 통해 이를 재건하려는 사람들이 있습니다. 저들을 조심하십시오! 그 벽(壁)이 그리스도의 진리의 토네이도 앞에서 다시 무너질 것입니다. 그 벽은 폐허(廢墟) 곁에 그것을 다시 세우려는 사람들을 묻어버리는 무덤이 될 것입니다.

손에 잡히지 않고 다루기 힘든 하나님의 영이 언제나 우리의 편견을 무안하게 만들어 주십니다. 예를 들어보겠습니다. 어찌하여 기생 라합이 「히브리서」 11장에 나오는 위대한 파노라마에서 그리고 예수 그리스도의 조상 가운데서 중요한 위치를 차지하고 있을까요? 우리는 그 구절에 대해 의문을 제기합니다! 어찌하여 기독교는 목수(木手)의 작업대(作業臺)와 길가의 교수대(絞首臺)를 혼합한 하나님의 형상을 우리들에게 제시해야 했을까요? 이것이 지독하게 비철학적인 기독교의 '걸림돌'이 아닐까요? 어찌하여 섭리(攝理)는 세상의 구세주를 아테네와 로마와 알렉산드리아를 피하여 나사렛이라는 칙칙한 시골에 두어야 했을까요? 나사렛에서 선한 것이 나올 수 있습니까? 여러 세기를 건너뛰어 보겠습니다.

존 웨슬리(John Wesley) 시절, 교회의 법규가 으뜸이라고 고집하는 사람들이 있었습니다. 저들은 웨슬리가 집회 장소를 교회의 담 밖으로 옮겨버림으로써 종교를 값싸게 했고 거리의 일반 군중 속에서 종교를 더럽혔다고 외쳐댔습니다. 이 얼마나 수치스럽고 얼마나 창피한 일입니까! 이단을 평가하십시오!

그러나 그것이 바로 하나님의 방식이십니다. **"바람이 분다."** 바람은 우리가 제시하거나 교리학적으로 요구하는 곳으로는 불지 않고, 첨단의 컴퓨터가 예측하는 곳으로도 불지 않으며 **"임의로 분다."** 문을 닫고 바람을 막아 보십시오. 어깨를 문에 기대고 그것을 방책(防柵)으로 삼아 바람을 막아 보십시오. 바람은 문을 부순 후에도 여전히 들어올 것입니다. 그날에 저들은 육중한 돌을 굴려 와서 동산에 있는 무덤의 입구를 막아 무덤을 굳게 봉하고 이렇게 말했습니다. "그리스도는 끝장났다! 죽고 패배한 이 사람이 우리를 더 이상 괴롭히지는 못할 것이다. 그로 하여금 저 돌 뒤에서 영원히 잠들게 하라!" 그런데 갑자기 하늘에서 바람이 불어왔고 무덤이 활짝 열려졌으며 그리스도는 세상을 정복하셨습니다.

다루기 힘든 바람을 길들이려고 하지 마시기 바랍니다. 연회나 총회에서도 그 한계를 정할 수 없습니다. 거만한 독재 정치인도 그것을 억제할 수는 없습니다. 뿌리 깊은 개인의 편견(偏見)도 이를 수호할 수 없습니다. 성령께서 세상의 주인이기 때문입니다.

그리고 이것이 기독교의 본질적인 낙관론입니다. 여러분들은 이를 알지 못하십니까? 여기 그리스도의 영 속에 가장 완고한 이교주의(paganism)를 부수고 가장 완고한 교리주의(dogmatism)를 뒤집어엎으며 가장 숨막히게 만드는 교회지상주의(ecclesiasticism)를 감전시킬 수 있는 능력이 있습니다.

이것이 성령의 주도적인 자유입니다. 그로부터 벗어날 수 있는 자아나 죄의 성채(城砦)는 없습니다. 그의 범위를 벗어날 수 있는 불신의 냉소주의도 없습니다. 그로부터 영향을 받지 않는 철통같은 신학적 자만의 요새(要塞)란 없으며, 그로부터 영향을 받지 않는 끄떡없는 불가지론(不可知論)도 없습니다.

성령은 믿음을 교란시키지 않습니다. 성령께서는 예전부터 내려온 교회의 제도적 원한을 용서하지 않으십니다. 그리고 성령께서는 그리스도의 이름을 복되게 하십니다. 성령께서 꽃피는 봄철의 생명으로 소생케 할 수 없는 영혼의 겨울잠이란 없습니다. 성령께서 행진하는 군대로 다시 살아나게 할 수 없는 메마른 뼈란 없습니다. 이것이 성령강림절의 영광입니다. '바람은 임의로 불어 옵니다.' 오소서, 성령이여, 오소서!

성령의 명백한 증거

셋째로, **"바람이 임의로 불매 네가 그 소리를 듣는다."** 이것이 성령의 명백한 증거입니다. 바람이 불어올 때, 바람은 그 존재를 느끼게 합니다. 그리고 우리는 그 소리를 듣습니다. 여러분들은 이 현상을 알기 위해 대기(大氣)의 운동에 관한 강의를 들을 필요가 없습니다. 그것은 촉각(觸覺)으로도 느낄 수 있는 명백한 것이며 틀림없는 것이기 때문입니다.

성령의 역사도 그러합니다. 하나님의 영이 교회나 개인이나 공동체를 움직이실 때, 거기에는 그의 역사를 촉각으로도 느낄 수 있는 명백한 증거가 있습니다. 불신자도 그 현상을 감지할 수 있습니다. 그는 그 효과를 보게 됩니다. 그리고 그 소리를 듣게 됩니다.

이것이 실제로 니고데모를 최초로 예수께 인도한 것이었습니다. 니고데모는 제자가 아니었습니다. 그는 바리새파 사람이었습니다. 니고데모는 예수에 대해 반감(反感)을 갖고 복음에 대해 편견을 가진 집단에 소속된 사람이었던 것입니다. 그러나 그는 정직한 사람이었습니다. 니고데모는 귀를 열고 예수가 가신 곳이 어디든 거기에서 놀라운 일들이 일어났다는 것에 대해 들었습니다. 그 이야기에 대해 성경은 이렇게 기록하고 있습니다. 니고데모는 이렇게 말했습니다. "랍비여 우리가 당신은 하나님께로서 오신 선생인줄 아나이다 하나님이 함께 하시지 아니하시면 당신의 행하시는 이 표적을 아무라도 할 수 없음이니이다."(요 3:2) (스튜어트는 "하나님께서 함께 하지 않으신다면 당신이 행하는 것과 같은 놀라운 일들을 행할 수 없나이다"라고 의역한다. –역자 주) 다른 말로 표현하자면, 니고데모는 그 당시에 팔레스타인에서 일어난 메시아적 운동에 대해 거의 또는 전혀 알지 못했지만, 최소한 그 소리는 듣고 있었습니다. 그는 명백한 증거들에 대해 시인했습니다. 니고데모가 그렇게 깨닫고 예수와 면담을 청한 것이 그의 구원에 이르는 첫 번째 단계였습니다.

사도 시대의 모습을 다시 살펴보시기 바랍니다. 그리스와 로마의 완고하고 거만한 이방세계는 복음에 대해서 무관심하다고 자처했지만, 그리스도의 사람들이 어디로 가든지 그곳에서 계속 신비한 일들이 발생하고 있다는 것까지 부인할 수는 없었습니다. 그리스도인들의 참된 생명은 바울이 선언한 바와 같이 감추어진 생명이었습니다. "너희 생명이 그리스도와 함께 하나님 안에 감취었음이니라."(골 3:3) 그러나 그 생명이 모두 감추어진 것은 아니었습니다. 그렇습니다! 감추어졌지만 드러난 것은 그리스도인들이 사회에 보여준 충격, 저들이 보여준 혁명적 윤리, 변화무쌍한 삶 한 가운데서 보여준 놀라운 용기, 죽음을 정면으로 바라보면서 보여준 절대적인 평온함이었습니다. 「사도행전」은 "전에 예수와 함께 있던 줄도 알고"(행 4:13)라고 말하듯이, 세상은 그 증거들을 보았습니다.

영의 능력이 활동하기 시작할 때는 언제나 명백한 표징이 나타나기 마련입니다. **"네가 그 소리를 듣는다."** 그때에는 지금까지 연약하고 부정직하며 믿을 수 없던 사람들이 강해지고 청결해지며 승리를 가져오는 사람이 됩니다. 그때에는 지금까지 정체되어 있고 인습(因習)에 사로잡히며 안으로만 향하던 교회가 침체된 지루함을 벗어던지고 불을 붙여 각성하게 되며 선교 지향적인 교회로 변하게 됩니다. 그때에는 서로 다른 교파의 교인들이 세상이나 전통 속으로 분열되기보다는 부활하신 그리스도 안에서 하나로 연합해야 한다는 것을 깨닫기 시작합니다. 그때에는 교양 있는 대화를 금기(禁忌)로 여겨왔던 종교도 다시금 대화의 장소가 되고, 가정과 직장에서 그리스도를 위한 결단이 수행됩니다. 또한 그때에는 신비적인 환상(幻想)이 사회적인 열정(熱情)으로 성과를 거두게 되고, 세상은 어떤 일이 일어나고 있는지를 알게 됩니다. 무엇인가 생동적인 사건이 일어나고 있는 것입니다. 주변에서 일어나고 있는 것에 대해 하나님께 감사를 드린다는 것은 결코 낭만적인 말이 아닙니다. 증거가 논란의 여지가 없을 정도로 분명하기 때문입니다. **"바람이 임의로 불매 네가 그 소리를 듣는다."** 저는 여러분들께서 그 소리를 이미 들으셨기를 바라며, 그 소리를 들었다면, 여러분들은 여러분의 심령 속에서와 온 세상에서 과소평가하고 멸시하는 목소리를 모두 반박할 수 있게 될 것입니다. 바로 이것이 반박될 수 없는 그리스도에 대한 논증입니다.

성령의 불가해한 출처

넷째로, **"네가 그 소리를 들어도 어디서 오는지를 알지 못한다."** 이것은 성령의 불가해한 기원을 의미합니다.

물리적인 바람에서도 우리는 종종 일종의 신비함을 느끼곤 합니다. 바람이 어떤 광활한 대지와 대양을 가로질러 왔는지를 알지 못하며, 바람이 어떤 기후의 변동을 일으키는지도 알 수 없기 때문입니다.

성령의 위대한 운동도 이와 같습니다. 성령의 운동이 과연 어디에서 왔을까요? 여러분들은 성령의 운동이 발생되는 곳을 추적하여 따라잡을 수 있으십니까? 그리스도의 몸인 교회가 실제로 베드로를 의장(議長)으로 하고 조직을 갖추기 위해 소위원회(小委員會)를 임명하는 예루살렘 회의의 자리에서 비롯되었을까요? 다메섹 도상 다소에서의 사울의 회심은—일부 사람들이 우리에게 믿게 하려는 바와 같이—일사병이나 간질병, 혹은 정신질환이나 세뇌심리에 의해서만 설명될 수 있는 것일까요? 베드로가 예수의 메시아(그리스도) 되심을 고백했을 때 예수께서는 신비스럽게도 그것을 네게 알려준 것은 혈육이 아니라 하늘에 계신 내 아버지께서 계시해 주신 것이라고 대답하셨습니다. 그것이 영원으로부터 여러분에게 온 것입니까? 웨슬리 운동은 어디에서 시작되었을까요? 엡워스(Epworth)의 교구 사택에서 시작된 것입니까? 아니면 옥스퍼드의 신성구락부(the Holy Club)에서 생긴 것입니까? 아니면 런던 앨더스게이트 가(Aldersgate Street)에 있는 집회소에서 비롯된 것입니까? 이들은 단지 부분적인 질문일 뿐입니다. 그 운동이 멀리 소급해 올라가서 영원으로부터 시작되었다고 말하는 것이 옳을 것입니다. **"네가 그 소리를 들어도 어디서 오는지를 알지 못한다."**

그런데 어떤 이들은 그렇게 고백하기를 좋아하지 않는 것 같습니다. 어떤 이들은 신비(神秘)의 요소와 초월(超越)의 차원을 제거하고자 합니다. 저들은 하늘에 계신 아버지를 인간의 자의식(自意識)에 관한 진술로 대치하기를 좋아하는 것입니다. 아마 니고데모도 이러한 기질을 가지고 있었던 것 같습니다. 그는 모든 것을 설명받기를 원했습니다. 그는 추상적인 학문적 논쟁 때문에 살아계신 하나님을 거의 잃어버린 신학자였으며, 심지어 오늘 발생하는 일도 알지 못하는 사람이 되어버렸습니다. 니고데모는 이렇게 질문했습니다. "사람이 늙으면 어떻게 날 수 있삽나이까 두 번째 모태에 들어갔다가 날 수 있삽나이까."(요 3:4) 니고데모는 성실치 못한 사람은 결코 아니었습니다. 그는 다만 합리적인 설명을 원할 뿐이었습니다. 그렇다면 거듭남은 어디에서부터 오는 걸까요?

우리는 기독교 신앙이 역사 속에서 행동하시는 살아계신 하나님에 관한 복음이 되기를 중단하고 인간과 인간의 본성, 이른바 본래적인 실존에 관한 것이 될 때까지, 신학이 인간학 속으로 상실될 때까지, 아마도 "우리는 초자연적인 것과 같은 것을 알지 못한다"고 말하는 지점에 이를 때까지 합리화하고 심리학적으로 설명하며 비신화화하려고 애쓰곤 합니다. 이 얼마나 천박한 지식입니까! 이 얼마나 소름끼칠 정도로 애송이 같은 생각입니까? 우리의 논리가 측정하고 우리의 지성이 탐구할 수 있는 것 이외에는 이 세상에 다른 것이 아무것도 없단 말인가요! 이것은 마치 인간의 자의식이 영혼이며 우주의 중심이 되는 것처럼 여기는 것이 아닙니까! 예수께서는 니고데모에게 말씀하신 것 같이 지금 우리에게도 동일하게 말씀하십니다. "설명하기를 중단하고 예배하라! 논리적으로 주장하기를 그치고 경배하라! 네가 해야 할 일은 바람이 어디에서 오는지를 말하는 것이 아니다. 너는 그것을 결코 알지 못할 것이다. 네가 해야 할 일은 돛을 올리는 것이다. 이제 저기에서 바람이 불어온다. 신비로운 원동력을 해석하려고 노력하지 말고, 살아있는 능력에 기쁨으로 복종하라. 이것이 유일하게 중요한 일이다." 이것이 예수의 호소이시며, 성령강림절의 도전입니다.

성령의 예상할 수 없는 행로

다섯째로, 그리고 마지막으로, **"네가 그 소리를 들어도 어디서 오며 어디로 가는지 알지 못한다."** 이것은 성령의 예상할 수 없는 행로를 말해줍니다. 여러분들은 성령께서 여러분들을 어디로 인도하실 것인지 알 수 없습니다.

폭풍의 날에 대지를 가로질러 불어오는 강풍이 미지(未知)의 곳으로 돌진합니다. 그리고 어느 누구도 하나님의 영이 그리스도인의 제자의 직분 속에서 지상에서의 삶이 다하기 전에 그를 어디로 인도하실 것인지 알 수 없습니다.

여기에 니고데모가 있었습니다. 니고데모는 그 날 밤 성령의 바람이 그를 어디로 인도하실 것인지를 알지 못했습니다. 여러분들은 어디로 인도했는지를 기억하십니까? 예수의 시신을 요구하기 위하여 본디오 빌라도의 회의실로 인도했고, 복음서 기사에 나타난 가장 담대한 행위들 가운데 하나 그리고 그것을 넘어 세상을 뒤흔드는 부활의 사건으로 인도했습니다. 오순절에 다락방에 모인 작은 무리는 성령이 자신들을 흔들어 놓은 것을 알지 못했고 저들과 저들의 후손을 가이사와 세계 정복자에게로 인도하는 것을 알지 못했습니다. 「로마서」를 깊이 연구하던 수도승 마르틴 루터(Martin Luther)는 교회를 개혁하고 교회를 새롭게 세우는 일을 하게 하시려고 그를 수도원 골방에 불어넣어 주신 성령의 바람을 알지 못했습니다. 그리고 그 사건이 일어난 지 2천년이 지난 오늘날의 기독교는 성령의 바람이 다음 2천년 또는 그 다음 2천년에 기독교를 어디로 인도할지를 알지 못합니다. 인간의 삶에 어떤 구원의 충격을 던져줄 것인지도 알지 못합니다. 그리하여 개인을 향해서, 오늘날 우리 각자를 향해서 예측할 수 없는 성령의 목적지가 활짝 펼쳐져 있는 것입니다.

그것은 어느 정도 위압적이며 우리를 놀라게 합니다. 아마도 어떤 분들은 성령께서 우리를 어디로 인도하실 지를 미리 알았다면 성령의 은사를 구할 필요가 없다고 생각할 것입니다. 성령이 한 청년에게 임합니다. 그는 이제 막 대학에서 우수한 학위를 받았습니다. 그는 수년간 정해진 과정을 거친다면 그 분야에서 정상의 위치에 앉게 될 것입니다. 그러나 성령은 그의 그 화려한 계획을 중단케 하고 그를 아프리카로 보내어 몇 푼 안 되는 기부금을 받는 의료선교사가 되게 하십니다. 성령이 평범하고 소박한 생활의 즐거움에 빠져 있는 한 젊은 여성에게 임합니다. 이로 인해 그 여성은 상점에서, 공장에서, 대학에서, 사교 단체에서 그리스도를 증언하지 않을 수 없다고 느끼게 되었습니다.

유서 깊음을 자랑하고 많은 공로의 역사를 뽐내던 교회에 성령이 임합니다. 그러자 그 교회는 예수의 급진적인 말씀을 진지하게 받아들이지 않을 수 없게 되었습니다. "자기 목숨을 얻는 자는 잃을 것이요 나를 위하여 자기 목숨을 잃는 자는 얻으리라.(마 10:39) 이 말씀에는 목숨을 잃을 준비가 되어있는 교회는 목숨을 얻으리라는 말씀이 내포되어 있습니다. 그것은 위압적인 생각입니다. 그리고 그것은 예상할 수 없는 운명을 의미합니다.

그러나 그것은 역시 우리를 오싹하게 하는 것입니다. 왜냐하면 그 말씀이 여러분들의 생명과 성격을 어떻게 하실 것인지 알 수 없다는 것을 의미하기 때문입니다. 여러분들이 결단코 알 수 없는 것은 바로 이것입니다. 우리들은 살아가야 할 과정이 정해져 있고 고정되어있습니다. 우리에게는 이제 훌륭하고 고상한 어떤 것을 추구할 기회가 없습니다! 여러분들이 하나님을 거짓말쟁이로 만들려고 하지 않는다면 여러분들은 그 어떤 상황에서도 그렇게 말할 수 없습니다. 이는 진정 진실이 아닙니다. 그리스도께서는 성령강림절에 그리고 언제나 사람들을 위해 놀라운 희망을 제공해주십니다. 그의 원기를 북돋으시는 은혜의 바람으로 모든 단조로움과 지루함을 몰아내주시고, 질식할 듯하고 유독한 환멸(幻滅)의 분위기를 사라지게 해주십니다. 이것이 전부가 아닙니다. 지상의 희망을 넘어 예상할 수 없는 장래의 운명을 바라보게 해주십니다. "사랑하는 자들아 우리가 지금은 하나님의 자녀라 장래에 어떻게 될 것은 아직 나타나지 아니하였으나 그가 나타내심이 되면 우리가 그와 같을 줄을 아는 것은 그의 계신 그대로 볼 것을 인함이니."(요I 3:2)

우리가 오늘 오직 그리스도의 말씀만을 지키기만 한다면 좋으련만! 교회가, 우리 각자가, 성령으로 하여금 우리와 함께 하시도록 허용하기만 한다면 좋으련만! 하지만 저는 그 어려움을 분명히 압니다. 저는 그 모든 것이 매우 그리고 만만치 않게 어려운 일이라는 것을 잘 알고 있습니다. 그러나 결국 "예수의 말씀을 따를 것인가?"라는 것처럼 그것은 또한 단순한 것이라고 생각합니다. 이제 말씀을 받아들일 만한 때가 되었습니다. 바람소리를 들으십시오. 니고데모야, 바람소리를 들어라!

땅거미가 짙게 깔리고
서풍(西風)이 솔솔 불어오면
나는 내 마음의 모든 창(窓)을
주의 날을 향해 열어두리라.

역자 후기

여기 성령을 주제로 12편의 의미심장하고 중요한 설교들을 우리말로 옮겨놓았다. 이 설교들은 18세기 이후 최근까지 고전(古典)이라 여기는 대표적인 설교들로 인정받고 있는 것들이다. 각각의 설교들 앞에는 설교자들의 생애를 간략하게 소개하고 설교가 출전된 곳을 밝혀놓았다.

성령강림절 이후, 기독교가 탄생한 이후 성령을 주제로 전달된 설교는 헤아릴 수 없을 만큼 많았을 것이다. 성령강림절 후 대림절(대강절, 강림절)에 이르기까지 교회력에서 가장 긴 기간 동안 성령이 함께 하시는 신앙생활에 대해 설교를 해야 하기 때문에, 기독교 교회력도 한 몫을 했을 것이다. 사실상 지금까지 교회는 말씀을 통해 그 생동력을 잃지않고 유지·발전시켜 왔다.

성령에 관한 설교는 어떠해야 하는가? 예수님의 설교처럼, 오순절 직후의 베드로의 설교처럼 되어야 한다고 본다. 혹은 성령의 감화를 받은 목사님들의 설교처럼 되어야 한다고 본다. 그런 설교는 영의 눈을 뜨게 하고 죄로 마비된 이를 걷게 하는 설교, 새로운 소망과 용기를 주는 설교, 삶을 변화시키고 성결케 하는 설교, 내면으로부터 기쁨이 솟구쳐 나오게 하는 설교일 것이다. 그러기 위해서는 고난을 이기게 하고 다시 살게 하는 초대교회의 설교로 돌아가야 한다.

우리나라 설교자들의 성령 설교가 유례없이 강하다는 평가가 있다. 전통적인 종교들이 건재하고 있음에도 불구하고 교회부흥을 일으켰다는 것, 일천한 한국교회의 역사 속에서도 기독교가 사회의 큰 힘으로 자리를 굳혔다는 것이 바로 그 증거일 것이다.

그러나 다른 한편 성령에 대한 새로운 깨달음도 생겼으면 한다. 사실 우리는 그동안 성령보다는 성령의 은사에만 치중한 면도 없지 않다고 생각한다. 다른 말로 표현하자면, 우리 교회가 선물을 준 사람의 사랑을 생각하기보다는 그 선물에만 관심을 기울인 면이 없지 않다는 말이다('약혼자가 약혼한 여인에게 반지를 선물로 주었는데, 그 여인이 약혼자의 사랑은 생각하지 않고 그 반지만 좋아한다고 생각해 보라'는 것은 초대 교부 설교시리즈 — 성 아우구스티누스의 『요한서신』에서 나온 말이다). 그래서 기복신앙, 교회나 사회에 덕이 되기보다는 개인 중심의 신앙, 신비경험과 특수 은사(방언, 예언, 지식, 치유의 은사 등)에 대한 집착증세, 편벽된 신앙형태가 나타나기도 했다.

이렇게 말한다고 성령의 은사를 경시하자는 것은 결코 아니다. 은사에도 여러 은사가 있다. 바울이 말한 대로 믿음, 소망, 사랑 중에서 가장 크고 가장 좋은 은사는 사랑의 은사이다. 예수께서 주신 가장 큰 계명도 "하나님을 사랑하고, 이웃을 사랑하라"는 것이었다. 성령강림절 이후 사랑과 기쁨에 넘쳐 초대교회를 건설했던 성도들의 모습을 본받자는 것이다.

이 책은 성령의 특수 은사보다는 성령 그 자체에 초점을 맞추고 있다. 성령의 직분, 성령의 역사, 성령의 기도, 성령의 마음, 성령의 바람 등을 다룬다. 설교자들이 서로 다른 나라, 서로 다른 교파에 속해 있기 때문에 성령에 관한 다양한 설교를 접할 수 있으리라 본다.

기독교 신앙에 있어 핵심이 되는 중요하고도 특수한 주제들을 다루는 크레겔 고전 설교시리즈(Kregel Classic Sermons Series)를 출간하기로 결정하신 살림출판사 심만수 대표님과 기획위원들께 감사드린다. 건조한 문장을 부드러운 구어체로 바꾸느라 수고하신 김대섭 선생님과 편집관계자들께도 고마움을 표한다. 그래도 딱딱함이 남아있다면, 그것은 주제의 어려움 탓이거나 더 쉽게 옮기지 못한 역자의 부족함 때문이라고 생각해주시기 바란다.

엮은이의 말대로 "설교자는 30분 안에 상한 심령을 도와 새 힘을 주고, 패배한 인생을 변화시키며, 잃어버린 영혼들을 구원해야 한다." 실로 설교는 엄청난 노력이 요구되는 일인 것이다. 오늘의 설교자들은 다른 어느 시대의 설교자들보다 효과적인 정보 전달에 노력을 기울인다. 감화력이 깊은 설교를 준비·전달하는 모든 설교자들에게 하나님께서 주시는 만복 중에서, 특히 건강과 기쁨의 축복이 있으시길 빈다. 성령강림절에 때를 맞추어 이 책이 나오게 되니 더욱 기쁘다. 이 책이 목사님들과 설교자들께는 설교 준비의 자료로, 그리스도인 독자들께는 성경을 더 깊이 묵상하게 하고 영적인 감화를 받는 책으로 활용되기를 간절히 바란다.

2004년 부활주일 월요일에, 남정우

성구 찾기

창세기
1:2 163, 164, 191
6:3 166
6:12 167

출애굽기
31:1-11 170
40:7 171

민수기
11:29 74

사사기
6:13 76

사무엘하
23:5 18

열왕기상
18:27 192

역대상
4:9 23

욥기
26:13 164

시편
6:2-3 22
7:11 168
38:8-9 23
46:1 14
68:18 129
77:4 23
104:30 164
119:131 25
139:7 191
139:7-11 191
143:10 171

잠언
4:18 118

이사야
1:6 167
5:3-4 136
32:15 130

38:14 23
44:3 130
53:11 56
63:10 129

예레미야
31:3 63

에스겔
20:49 120
33:11 168

호세아
6:3 118

미가
2:7 71

말라기
3:17 143

마태복음
6:8 29
10:39 202
12:32 128
23:8 57

26:39 13
27:46 34
28:19 116
28:20 177

마가복음
3:28-29 128
4:28 124

누가복음
2:14 53
11:13 80
23:46 68
24:48 149
24:49 88, 146

요한복음
1:1 54
1:5 114
1:10 185
1:12 28
1:29 170
3:2 197
3:4 200
3:8 122, 189
3:30 53

3:34 129
4:14 173
6:63 88
6:68-69 120
7:37-38 94
10:10 130
11:3 117
11:11 153
11:14 153
14:16 79, 172
14:16-17 125
14:19 66
14:26 14, 186
16:7 89, 172
16:13 121
16:14, 170
16:14-15 177
16:15 179
17:2 118
17:9 28
20:22 93

사도행전

1:8 146
2:2-4 72, 151
2:12 100
2:38-39 127
2:39 94
2:46-47 125
4:13 198
4:29-31 152
6:2-3 155
6:4-5 156
7:51 168
8:17 94
10:47 94
13:50 158
13:51-52 158
13:52 130
18:27 94
19:2 71

로마서

4:16 119
7:18-24 123
8:1 123
8:3 129
8:9 110, 128
8:14 9
8:15-16 125
8:16 143
8:23 141

8:26 108
14:17 126
15:4 171
15:13 130
15:19 125
16:18 117

고린도전서

2:9-12 119
2:14-16 115
3:16 127
6:19 135
6:19-20 186
9:1 89
10:4 172
12:13 77
15:22 65

고린도후서

1:5 126
2:11 117
1:21-22 126
3:2-3 124
3:17 124
3:18 121
4:17 10

6:15-16 135
10:5 122
11:3 117
12:9 173
13:5 127

갈라디아서

2:20 90
3:14 127
5:25 129

데살로니가전서

1:5 125
1:6 126
5:19 130

에베소서

1:13 125
1:14 126
1:17-18 119
2:18 125
3:17-19 121
4:13 123
4:23 124
4:24 124
4:30 129

5:18 129
6:11 117
6:17-18 118

빌립보서
1:21 89

골로새서
3:3 198
3:3-4 119

디모데후서
1:12 89
3:17 124

디도서
3:3-5 123

히브리서
1:6 54
5:12 117
5:14-6:1 117
12:14 171

베드로전서
1:8 125

1:22 130
3:3-4 124

베드로후서
2:20 129
3:18 123

요한1서
1:6 142
2:12-14 123-124
2:27 119
3:2 203
4:8 163

요한계시록
2:7 169
3:11 129
22:16-17 191
22:18 58

Kregel Classic Sermons Series 1
성령

초판인쇄 | 2004년 5월 11일
초판발행 | 2004년 5월 18일

엮은이 | 워런 W. 위어스비
옮긴이 | 남정우
펴낸이 | 심만수
펴낸곳 | (주)살림출판사
출판등록 | 1989년 11월 1일 제9-210호

주소 | 110-847 서울시 종로구 평창동 358-1
대표전화 | 02)379-4925~6
팩스 | 02)379-4724
e-mail | salleem@chollian.net
홈페이지 | http://www.sallimbooks.com

ⓒ (주)살림출판사, 2004　　ISBN 89-522-0229-5　04230(세트)
　　　　　　　　　　　　　ISBN 89-522-0230-9　04230

* 잘못된 책은 구입하신 서점에서 바꾸어 드립니다.
* 역자와의 협의에 의해 인지를 생략합니다.

값 8,000원